# 红色记忆® 6

## 一名文艺兵的抗战经历

海南省文化交流促进会　编

南海出版公司
2011·海口

图书在版编目（CIP）数据

红色记忆·第1辑·6 / 海南省文化交流促进会编．
—海口：南海出版公司，2011（2025.1 重印）
ISBN 978-7-5442-5565-3

Ⅰ．①红… Ⅱ．①海… Ⅲ．①革命传统教育—中国—青年读物②革命传统教育—中国—少年读物 Ⅳ．① D642-49

中国版本图书馆 CIP 数据核字（2011）第 166683 号

HONGSE JIYI · DI 1 JI · 6

**红色记忆·第1辑·6**

---

作　　者　海南省文化交流促进会
总 策 划　刘　栋
顾　　问　贾延岩
执行总编　王晓建　张　桐　张爱国
责任编辑　聂　敏
封面设计　郑广明
排版印务　冉苗俊
发行总监　杨成春
出版发行　南海出版公司　电话：（0898）66568508　66568511
社　　址　海南省海口市海秀中路 51 号星华大厦五楼　邮编：570206
电子信箱　nhpublishing@163.com
经　　销　新华书店
印　　刷　天津睿意佳彩印刷有限公司
开　　本　787 毫米 ×1092 毫米　1/16
印　　张　6.25
字　　数　100 千字
版　　次　2011 年 8 月第 1 版　2025 年 1 月第 2 次印刷
书　　号　ISBN 978-7-5442-5565-3
定　　价　39.80 元

---

对历史无知的人，没有真正的信仰可言；没有信仰的人，不可能拥有美好的理想，不可能胸怀崇高的情感，也就不可能担负起任何责任。用欲望文化代替历史教育，足以使一个国家的青年被腐蚀、使一个民族的希望被毁掉，使这个国家和民族被永世万代地奴役！

鉴于此，我们呼唤历史，唤回那段属于二十世纪的“红色”历史，唤回那段炮火硝烟、颠沛流离的历史，唤回那冲天的狼烟留下的悲壮回忆、岁月年轮沉淀的斑驳痕迹。历史不应该被忽略，更不应该被遗忘，牢记那段革命战争年代的红色历史更是责任。为了那些不应该被忘却的记忆，为了那些不应该被丢弃的信念，于是就有了这套《红色记忆》丛书。

曾记否，当草鞋与意志丈量出来的两万五千里穿越一个伟大民族五千年的荣辱兴衰，革命的火种被一路播撒、一路点燃。人迹罕至的雪山、荒无人烟的草地被鲜血浸透，衬映出一段光辉的里程；万水千山早已被远远地抛在身后，一轮红日在黄土高原磅礴而起。满目疮痍的河山在1936年10月温暖如春……

曾记否，当生命和鲜血浸染的十几年光阴将一种记忆铭刻进一个伟大民族的历史画卷，革命的火焰从星火到燎原。这栏杆拍遍、易水悲歌般的呼号，这折戟沉沙、慷慨赴义的悲壮，这铁马冰河、枕戈待旦的苦战，这红旗漫卷、所向披靡的豪迈……腔腔热血、铮铮铁骨早已被熔铸成一座不朽的丰碑，中华民族从苦难中百死后生的壮丽诗史凝结成了五星闪耀的红色记忆。

曾记否，中华人民共和国成立以来，又有无数英烈接过前辈用鲜血染红的旗帜，或壮怀激烈戍边卫国，或忠于职守鞠躬尽瘁，或绝甘分少奉献大爱，甘做国家强盛、人民富裕的铺路石，成为和平年代民族复兴的荣光，把人民心中的红色记忆浸染得分外鲜艳，永不褪色。

这红色记忆，是信念不衰、志向不改的崇高气节；这红色记忆，是无私无我、生属苍生的博大胸怀；这红色记忆，是敢为人先、披荆斩棘的拓荒精神；这红色记忆，是中华民族最宝贵的精神财富。它告诫我们，人事有代谢，传承无绝期。缅怀先烈精神，继承先烈遗志，是社会的道德和民族的良心，是后来者须臾不可忘怀的本分。

老一代人把历史的真实交付给我们，我们有责任用真实还原历史，传承给下一代，把那段岁月与现在年轻人的生活连接到一起，使他们眼中的历史变得立体、真实、可靠，让历史成为他们前进的动力。本丛书将那些流动的、随时会飘散在时间天际的事件凝固下来，希望透过这些文字、图片，感受到英雄们那坚定的革命信念，感受到那个年代澎湃的革命激情，真切体会那段“红色历史”。

忘记历史，就意味着背叛。让我们重温历史，缅怀先烈，从中汲取力量，毅然前行。

刘栋

# 目录

CONTENT

# 目录

CONTENT

# 找　党

文 / 林诗耀

1932 年 8 月，敌人向琼崖各革命根据地发动了疯狂的进攻。在反“围剿”作战中，红军独立师主力遭受严重损失，琼崖革命陷入了十分艰难的困境。

我们仲田苏区的三十多名红军战士和地方党政同志历尽艰难险阻，突破敌人的重重封锁线，跋涉一百多公里到达莺歌海地区。按照陵崖县委的决定，我们于 1933 年 1 月成立了琼崖工农红军崖西第五连，由陈文光任连长，陈世德任副连长，林鸿蛟（林豪）任指导员，在莺歌海一带坚持斗争。

双手沾满共产党人鲜血的陵崖县反动县长王鸣亚得知我们在莺歌海地区活动后，率领部队气势汹汹地扑来。我们从红军反“围剿”失败中吸取了血的教训，在敌人占有绝对优势的情况下，不能把部队拼光拼完。为了保存这支队伍，我们决定化整为零，分散到各地去，等待时机重整旗鼓。于是，大约有一个排回到六弓、仲田一带，还有一些同志暂时回家去当农民或渔民。张开泰、林鸿蛟和我则带领十多人由林克泽同志带路，到感恩新村坳潜伏下来。

我们到达新村坳后，通过林克泽的亲戚打听到有一家准备出卖荒芜了的盐田，我便设法借了二十五块光洋，买来水车和晒盐的工具，租下盐田，干起晒盐的营生。离盐田不远处有一座破庙我们便以破庙为家，把带来的枪支弹药涂上牛油，用布片、麻袋等包好，埋在盐田附近的高坡上，只留下我和张开泰随身带的两支驳壳枪以防不测。

我们虽然有了落脚谋生的地方，但晒盐是艰辛的。那时经济萧条，盐价很低，晒盐所得的钱实在难以糊口，一个月里难得吃上一顿米饭，顿顿是盐巴拌番薯稀饭。好在我们还能靠海吃海，隔三岔五去赶海，抓些狗母鱼、小螃蟹来改善生活。

当时，尽管革命处于低潮，到处是白色恐怖，但同志们心中时刻惦记着党，坚信黑暗过去后就会出现曙光，共产党和红军是不可能被打倒的。同志们自己动手制作笛子、二胡，空闲时就吹拉起来，唱琼剧小调，给艰苦的生活带来了不少乐趣。

为了找到党组织，我们一次又一次地派人到各地去。感恩、昌江一带盛产瓜子，我和张开泰便先后以做瓜子生意为掩护，到新街、四更一带打听，但始终没有得到党组织的消息。

烈火炼真金。在艰难的考验下，有的人意志更加坚定，也有个别人动摇了。有一天，我和张开泰到新街去找党组织，二排长陈天贵和一个班长串通一气，偷走我们藏在破庙屋顶上的两支驳壳枪出逃了。我和张开泰回来后，立刻和林豪、

晚年林诗耀（右） 陈耿/摄

林克泽等人一起研究防范措施，认为不能再待在新村坳搞盐田了，必须立即分散隐蔽。决定由林诗运带领部分同志重回六弓，另一部分同志则到感恩各地自寻职业，我和张开泰则北上琼山、海口找党组织。

我们北上是沿着海岸线走的。为了避开敌人的封锁线，我们尽量选择那些最难走、最隐蔽的小路，而且经常利用夜晚或雨天等行人少的机会赶路。一路上，我们东躲西藏，随机应变混过了警察、暗探的多次盘问，历尽千辛万苦，到达海口后，又秘密地潜回我的家乡。

我的家乡在革命时期是红色区域，有不少人参加了革命，我和张开泰觉得在这里找党兴许有希望。但是，在白色恐怖下，这里的危险性更大。为了防止被敌人认出，我俩不敢露面，只能让家人亲友四处代为打听。那时候，党的活动早已转入地下，我们找了近一个月，还是全无音讯。没有办法，张开泰只好返回感恩去向大家报告情况，我则以"南洋客"的身份公开露面寻找。找了一段时间，还是找不到。我不死心，经亲戚介绍，到海口二庙小学去当教师，以教书作掩护继续寻找。后来，我打听到，雷州半岛的徐闻一带有在1927年大屠杀时逃亡到那里的吴必兴、陈瑞敏等党员，便又怀着一线希望渡海去寻访。谁知，经历了无数艰险之后，还是失望而归。

一次又一次地寻找，一次又一次地失望。但我们始终没有心灰意冷，始终相信：琼崖党组织一定还在坚持着斗争，我们一定会回到党的怀抱。

后来，和党组织接上关系的林克泽同志带给我一封特委的信件。我捧着特委的信，热泪盈眶许久说不出一句话来。回到了母亲的怀抱，我们什么都不怕了我们满怀信心地去迎接新的战斗。

# 给吴焕先政委当警卫员

文/廖　辉

吴焕先

吴焕先（1907—1935 年），鄂豫陕苏区创建人，红军高级指挥员。湖北黄安（今红安县）人，1925 年加入中国共产党。曾任红四军十二师政治部主任、红四方面军第二十五军七十三师政治委员。1932 年参与领导重建第二十五军，任军长。1935 年 8 月在甘肃泾川四坡村战斗中牺牲。

自1931年后，我一直给吴焕先政委担任警卫员。

那是在1933年5月，第五次反“围剿”由于鄂豫皖省委主要领导人受王明“左”倾路线的影响，“以夺取中心城镇”为行动方针，结果攻打七里坪失利。当时敌人在“血洗大别山”的口号下，使根据地庐舍成墟，田园荒芜部队给养严重不足，想要再攻打七里坪，是极其困难的。

吴政委向省委主要领导人建议：红二十五军迅速撤离，以摆脱被动局面。随后，吴政委深入前沿阵地，了解部队情况。当他看到部队断粮，战士以麦苗、苦菜、榆树叶充饥时，对七十五师师长姚家芳说：“饿着肚子怎么能打仗，要想方设法截获敌军给养，筹集粮食，让战士们吃饱。”吴政委的妻子听说红二十五军围攻七里坪没饭吃，特意远道赶来，带了一只鸡，十几个鸡蛋还有大麦仁等。吴政委拿到这些东西高兴地把我和警卫员小赵喊去，说：“你俩把这些东西都送给伤病员吃去。”这下可把我们难住了，那么多伤病员给谁吃呀！再说，部队自断粮以来，政委不也是与战士们一样饿着肚皮吗？他见我俩呆立在那里，猜透了我们的心思责怪地说：“伤病员更需要这些东西懂吗？”我俩无可奈何地答道：“是！”

到六月中旬，由于部队多日断粮长期露宿，使得部队的战士们饥病交加，不断减员。吴政委目睹此状，一次次伤心落泪。为挽救红二十五军，吴政委再上天台山，请求省委下令撤围，他的意见最终得到了采纳。6月13日红二十五军全部撤出阵地，使全军仅余的五千余名指战员转危为安，渡过了一道难关。

吴政委每逢行军总是跑前跑后，看看有没有战士生病掉队。1934年的一天夜里，我们在光山、麻城一带转移，一名战士坐在路边，吴政委便走上前，亲切地问：“小鬼，生病啦？”那个战士说：“脚被石头砸伤了。”吴政委蹲下一看，发现这个战士光着脚，脚上还在流血。吴政委心疼地说：“小廖，我还有双布鞋，快拿给他穿。”那个战士忙说：“政委，我的脚只是划破点儿皮，不要紧，到宿营地我再打草鞋。”吴政委板着脸命令道：“赶快穿上！”那位战士看到政委穿着草鞋，却把舍不得穿的布鞋让给自己，当时就流下了热泪。

在陕南，我和小赵搞来一点白木耳，想给政委补补身子。政委看见了，问：“这是哪来的呀？”我们说：“是打土豪弄来的。”“赶快给伤病员送去！”政委严肃地说。我们知道政委下令没有回旋的余地，只好照办。

政委很喜欢吃腊肉。部队到白区打粮，往往能从土豪那里搞到腊肉，可军部远离打粮部队，一般吃不上腊肉。有时，团长到军部开会，顺便带点腊肉给吴政委，吴政委总是叫来警卫员说：“把腊肉送到伙房去，煮了大家一起吃。”一次，吴政委生病发烧，我叫炊事员单独烧了一点菜。政委说：“这是谁搞的？”我说：“政委，这几天你吃不下饭，却还在工作，你不是经常讲，要照顾好伤病员吗？”政委笑着说：“我的身体很好嘛，以后再不要这样搞了，和大家吃一样的。”

政委的父亲、哥哥、嫂子、弟弟等一家六口全被敌人杀害了，他的母亲流落外乡以乞讨为生。有一次她要饭要到军部驻地，我们想要挽留老人，可老人

吴焕先故居

现在的七里坪

知道部队作战紧张，吃住困难，见了儿子一面，说了几句话就悄悄地走了。吴政委的妻子送来的鸡、鸡蛋和粮食都被政委转给了伤病员吃，可他的妻子离开部队后没几天就活活饿死了。

吴政委在生活上关心、体贴战士，但在作风纪律上却严格要求部属。对于任何失职行为，哪怕是自己的亲属，他也从不姑息迁就。

在鄂豫陕边界，我们打了几场漂亮仗，部队给养开始充足。一天，军需部一个干部带着钱逃走了。吴政委非常气愤，把军需部长喊来：“我们的钱是用鲜血和生命换来的，你下面的干部带着这么多钱逃跑了，你是怎么管理的？你这个军需部长严重失职！”吴政委对这种不负责任的官僚主义疾恶如仇。尽管军需部长是政委的叔叔，可政委在党的纪律面前一视同仁，对他叔叔进行了严肃处理，为全军树立了表率。

吴政委在战斗中经常是哪里有危险，就到哪里去，处处用自己的言行教育每一位战士。1934 年 11 月，遵照中革军委副主席周恩来指示，红二十五军在军长程子华、政委吴焕先带领下，高举“中国工农红军北上抗日第二先遣队”的旗帜转战千里。半年来，连战皆捷，使敌人大为震惊。1935 年 8 月 21 日，吴政委带领部队至泾川县城南渡油河时，风云突变，大雨滂沱，部队刚过一半，就被山洪阻于北岸四坡村。这时，敌人二〇八团配有的一个骑兵连，共一千多人向我军突然袭来。吴政委亲自带领交通队等百余人，一鼓作气地从河边冲上前沿阵地，他向战士们高声呼喊：“同志们，压住敌人就是胜利！绝不能让敌人逼近河边。”战士们看到吴政委来了，士气大振，不顾敌众我寡、路滑泥泞，迅速抢占塬头制高点，把敌人打了下去。此时我跟随吴政委冲在前面。突然，我发现沟那边一百多米处全是敌人。“吴政委，卧倒，前边有敌人！”我大声呼喊着。正当吴政委向土堆跃进时，一颗子弹飞来，吴政委仰身倒在泥水中。我和小赵迅速扑上去抱住政委，但他已经牺牲了。当晚我们就把吴政委的遗体安葬在河南岸山坡的凹地里。吴政委在红二十五军享有很高的威望，为了稳定部队情绪，他牺牲的消息只传达到营以上干部。几天不见吴政委，战士们问开了：“吴政委呢？”在行军中，对走在前面的战士回答说“吴政委可能在后边”，对走在后边的战士说“吴政委可能在前边”。一天一名战士问我：“怎么不见吴政委呀？”我哽咽着说：“吴政委在我们的前面。”是啊，他永远在我们的前面！

泾川县

# 永远的口令

口述 / 许义华　　整理 / 沈静芳

“走出草地，革命到底，这是先烈留给我们的‘口令’！”在漫漫的长征路上，无数人为实现革命理想献出了自己的生命，这个口令就是五叔许庸远过草地时留下的遗言。

1934年11月，贺龙、任弼时领导的红二、红六军团解放了大庸县的岩口。初冬的下午，我背着砍来的山柴往家走。忽然，大哥许书生从后面赶上来，兴奋地说：“我到岩口卖柴，见到红军了！红军说话和气，和咱穷人是一家。你看，还送我两件衣服呢！”大哥说着，递给我一件，“这件不大，你穿正合适。”我看看自己身上那件补丁摞补丁的破褂子，望望红军送的七八成新的黑夹袄，心里不由得一热，泪水止不住涌出眼眶。我都十五岁了，还从没穿过这么好的衣服呢。

就在这一年，我参加了中国工农红军。1935年11月，我随贺龙、任弼时率领的红二、红六军团从桑植出发，开始长征。

爬大雪山时，才到半山腰，同志们就已体乏肚饥，再加上寒风刺骨、空气稀薄，伤病员不断增加。部队首长把自己的骡马让给伤病员骑，并和年轻力壮的同志争着背伤病员的武器弹药。在艰苦的雪山翻越中，不少同志失去了生命，长眠在皑皑雪山上。

过草地更是艰苦。每当回忆起过草地时牺牲的战友，我都心痛不已。我亲眼看到一位骑枣红马的生病的同志，在过草地时，一个趔趄陷入泥潭，我们奋力抢救，才把人拉上来。而那匹马，我们拉断了缰绳也没救起来。我们班的唐宏阶，一脚踩虚掉进泥沼，最后我们只抓住了他的枪，而他人却牺牲了。

五叔许庸远是我参加革命的领路人。五叔见到我时，总用苦难家史激励我的革命意志。那天下午快到草地“上海”——阿坝了，我不知吃什么中了毒，肚子疼得直不起腰，每走一步都头晕目眩。正在这时，我看见远处有个掉队的战友，身披夹袄，步履蹒跚，走近一看，原来是五叔。只见他两条裤腿从膝盖以下已经磨成了碎布条，两只脚光着踏在水草里，脓血顺腿直流。我鼻子一酸，强忍着眼泪问：“怎么掉队了？”他吃力地回答：“不要紧，我能赶上队伍……”我忙把自己剩下的半搪瓷碗青稞递给他，他吃了几口，又从沟里舀了一碗水喝下去。神情稍好，他便开始催我：“行了，你走吧！你还有一班人，当班长的落在后边怎么行？”我要扶着他走，他开始着急了：“快赶队伍去！你现在不是一名普通的红军战士，而是共产党员！一定要走出草地，革命的路还长呢！”我给他拾了一根棍子让他拄着。在他的再三催促下，我一步一回头慢慢向前赶去。不一会儿，天色大变，雷电交加，一阵冰雹劈头盖脸落下来，砸得头上、身上生疼。我想起五叔，急忙掉头往回赶，终于在一条小河沟边看到五叔，他一动不动地趴在地上，右手抓着那根棍子，左手护着放文书材料的皮挎包。我把他扶起靠在腿上，看到他口鼻流血，已经停止了呼吸。我禁不住失声痛哭！不一会儿，收容队的几位同志赶来了，帮我料理了五叔的后事。收容队的同志打开他的皮挎包，只见一摞纸的第一页上留着五叔的笔迹：今日口令……

红二方面军长征时带到陕北的唯一一门山炮

往日的硝烟已经退去，但是长征的光辉越来越耀眼。当年红军之所以能够从雪山、草地那样的“绝地”中走出来，就是因为胸怀共产主义理想的红军战士具有顽强的艰苦奋斗作风和高度的团结友爱精神。

# 最后一份“救命粮”

文/潘　平

1935年春，我在红四方面军三十三军给政治部何主任当马夫。那时，我十四岁，个子不高，又很瘦弱，何主任特意把我安排给张管理员，让我和他一起做保障工作。

我们红三十三军从四川苍溪出发后，走中坝，过毛儿盖，踏进了横无际涯的松潘草地。

过草地最大的困难是，地上的野菜被前面的部队采摘后，所剩无几。每到吃饭时，老张总是把煮好的青稞面先分给大家，然后放些野菜在汤里煮，悄悄地端到一边吃。我们要把青稞面分给他，他说吃不惯，还是喜欢吃野菜。

有一次，他吃了有毒的野菜，全身都肿起来了，一双大眼睛肿得眯成两条缝。而且他的腿还残留着弹片，原本走路就有点拐，现在更是直打晃。

最困难的时候到了，到处都能看到被饥饿和疾病夺去生命的战友。当时缺医少药，我身体又很瘦弱，没两天我就撑不住，昏迷了过去。

当时，老张和其他人赶紧围过来，老张一边给我喂水，一边沙哑地喊着：“小潘，你醒醒！小潘，你醒醒！”当我醒来睁开眼，看见老张正招呼大家忙碌着，旁边已经生起火，老张正往铁盆里加水。

潘　平

潘平，四川万源人。1933年12月参加红军，随红四方面军参加长征。1976年10月离休。

看到老张，我心头一热，鼻子发酸，眼泪流了出来。我说：“管理员，我不行了。”“小潘，要坚持住。你是饿的，我还有一小袋青稞面，你吃了就好了。”他边说边解开背包，从最里层拿出一个拳头大小的布袋。他很小心地打开袋口，一下、两下、三下，他倒了三次，把小半袋青稞面放进一个瓷碗里，和着开水搅拌几下，端到我面前，一口一口地喂我，就是这份“救命粮”把我从死神手里夺了回来。

进入草地已经七天了，最后一只牛皮鞋也在前一天被煮了吃掉了，天又下起瓢泼大雨。到了晚上，大家又饿又冷，只好挤在一棵小树下，摘几把树叶填填肚子，顺便避避雨，相互靠在一起取暖。

天刚放亮，我忽然被吵醒，只听有人大声喊：“老张快不行了！”我一听，急了，赶紧爬起来去看他。老张脸色发黄，眼皮直往下耷拉，豆大的汗珠从脸上滚落，他大口大口喘着粗气，手里还剩一小把没吃完的树叶。老张饿得快不行了。这时，哪怕有一小撮炒青稞面，也许就能使他挺过去。

“谁还有吃的？”我大声喊。刚说完，我就意识到问话是多余的。我和战友们赶紧给老张喂水，一碗水还没喝完，老张就合上双眼，一句话也没留下。我背起老张的背包，再看他最后一眼，我们还要往前走。

七十多年过去了，老张留下的那个小粮袋，我珍藏至今。

# 一名文艺兵的抗战经历

文/宋玉芬

在抗日战争中，我只是个普通的小兵，文艺战士，是在党的怀抱里成长起来的。我不是战斗英雄，也没有什么突出贡献，做了一些工作，是我应尽的责任，是党对我培养的结果。回想起来，党对我的培养教育很多，而我对党的事业贡献却太少了，我心里常常感到不安。

## 童年遭遇

我是河北唐县宋高和村人，1926年3月出生1937年七七事变爆发，日本帝国主义发动全面侵华战争，唐县也于1938年10月8日被日军侵占。记得1938年初冬的一个晚上，天还没亮，日军突然包围了我们村，啪啪的枪声惊醒了熟睡的人们，全村乱成一团，大人们的呼喊声、孩子们的哭叫声，响成一片。全村人扶老携幼向外逃命，可东、南、西边都是敌人，只能往村北跑。大家顺着被洪水冲成的深沟，向小山后面跑去。我母亲怀里抱着两岁的弟弟，我帮扶着她，在枪林弹雨中，我多次想把弟弟抱过来，可母亲始终不肯松手，推着我大声喊：“你别管我，快点跑吧！小姑娘要是让鬼子抓住，可了不得。”万万没想到，这竟是善良的母亲对女儿说的最后一句话。我和家中其他人随着人流，冒着敌人的枪林弹雨，从小山旁绕到山后，来到我奶奶的娘家黄金峪村。后来才知道，有一部分乡亲，包括奶奶、母亲和弟弟，想沿着山上的小路翻过山去，当爬到半山腰时，日军用机枪扫射，现场血流成河。子弹穿透了母亲的胸膛，击中了弟弟的头部，母亲和弟弟都倒在了血泊中。这些都是双腿被子弹打穿的奶奶亲眼所见。当乡亲们用椅子抬着奶奶逃到黄金峪舅姥爷家时，她将这些亲口告诉了我，我抱着奶奶泣不成声。奶奶有气无力地对我说：“别哭了，娘死了，还有奶奶呀！”但奶奶终因伤势过重离开了我。我给母亲送葬时，看到母亲的脸黄黄的，眼睛紧闭，还紧紧地咬着牙。我放声大哭：“娘啊！娘啊！你为什么死得这么惨呀！”我哭干了眼泪，哭哑了嗓子，哭出了满腔怒火。我恨死了日军。

1939年春，一天清晨，可恨的日军又来到了我们村，全村乡亲都绕道跑到山后，有的乡亲爬到山上察看动静，没想到村里被烧成了一片废墟。日军走后，大家回到家看到的只是遍地瓦砾、断墙残壁。我家的两套院子二十多间房，全被烧光了。残酷的现实，迫使我思考今后该怎么办。是谁侵占了我们的国土，让我失了学？是谁的子弹穿透了母亲的胸膛，是谁用开花弹击中了弟弟的头部？是谁点燃大火烧毁了我的家乡？是惨无人道的日本兵，害得我们家破人亡。我的悲惨遭遇，只是千千万万个有着悲惨遭遇的人们中的一个。这一切都是灭绝人性的日本法西斯犯下的滔天罪行！怎么办？只有参加革命，打败日本侵略者，才有活路。1939 年 9 月，我带着强烈的国恨家仇，走上了共产党领导的艰苦卓绝的抗日战场，当时我 十三岁。

开始，我报名并经批准后和几位同志一起，到晋察冀边区民族革命中学学习，地点在唐县史家佐村，主要学习政治和党在抗日战争中的方针政策。半年的学习、生活条件非常艰苦，主要是吃不饱饭。个别人经不住考验，自动退学回了家。我无家可归，决心坚持到底。我于 1940 年 2 月毕业，后被分配到唐县抗日妇女救国会做秘书工作。后来西北战地服务团从延安迁到晋察冀边区后，我又参加了“乡村艺术干部训练班”。三个月结业后，1940 年 7 月，我和几名学员被分配到西北战地服务团儿童演剧队工作。从此我作为一个小文艺战士，战斗在抗日烽火中，开始了我新的战斗生活。

**难忘的西战团儿童演剧队生活片段**

西北战地服务团（简称西战团）是党领导的文艺团体，1937 年 8 月成立于延安，归党中央领导，主任是丁玲，副主任是周巍峙，曾奔赴西安开展抗日宣传工作。1938 年 11 月，中央决定由周巍峙任主任带队到晋察冀边区开展工作，归北方分局领导。1940 年 1 月，西战团成立了儿童演剧队，后改为少年艺术队（简称少艺队）。领导非常关心儿童队的全面成长，配备了最优秀的干部和老师，开设政治课，有“阶级与政党”“中国革命与中国共产党”“党在抗日战争中的方针与政策”“党的基本知识”“民族气节”“爱国主义教育”等课程，专业课有音乐、戏剧、美术、文学等。在生活上，领导对我们的关怀更是无微不至。儿童队的任务是通过文艺宣传把边区儿童动员组织起来，参加抗日工作。儿童队有时单独外出演出，多数是参加团里的演出和各项文艺宣传工作。只要开展工作需要什么，我们就学什么、干什么。这里就像大家庭一样，老师和大同志像长辈，小同志像兄妹。我们的任务是唱歌、跳舞、画画、写诗、写散文、刷大标语、写街头诗配画、撒传单等。我们走到哪里，就把抗日工作宣传到哪里，到处都留下了西战团及儿童队的足迹。1941 年 4 月，我参加了由田野编剧，赵尚武和周巍峙作曲的三幕儿童歌剧的演出，我在剧中扮演儿童团长，反响很好。

邵子南是作家、诗人，也是我们的文学老师。为了让我们有一个习作的园地，要求每周出一期壁报贴在屋里，有诗、画、散文等，邵子南老师给壁报起名叫“少年高尔基”。在邵子南老师的培养教育下，我们初步学习了一些关于诗和散文的知识，也看过了一些中外名著。我也学着写过一些街头诗和散文，包括一些小短文。1941 年 2 月 16 日，晋察冀日报文艺副刊——《晋察冀艺术》第

六期发表了西战团团员的三篇文章：田间的《为新的一代而歌——开展晋察冀边区儿童艺术活动》，邵子南的《少年高尔基们》和我写的《亲生之母》。邵子南老师还在他的文章中介绍了我的情况。

1941年2月12日，西战团创作出版的《歌创造》第二十一期上，刊发了我写的一首歌《婚姻自由》，由顾品祥作曲。

1942年秋，邵子南老师带我们文艺小分队转移到阜平、平山一带山区，和当地父老乡亲一起进行秋季反“扫荡”。我们用革命文艺作为团结群众、教育人民的武器，由邵子南老师编辑出版了街头壁报，起名“街头文艺”“觉悟”和“开通”。前两种以工作队名义出版，结合当时的政治任务、战斗及生产实际情况，表扬好人好事，也批评一些落后的行为，以提高觉悟。内容贴近群众，形式多样，有短文配画，群众都很喜欢看，也起到了很好的作用。《觉悟》和《街头文艺》上都刊登过我写的小短文。1978年，革命历史博物馆的同志曾拿着复制件让我确认，问是不是我写的，我立刻确认了。后来甄崇德要写回忆邵子南的《他是太行山的儿子》一文时，到革命历史博物馆去查看这些街头壁报，看到《街头文艺》《觉悟》《开通》共有二十六期。他用完后，寄给我看，又发现有好几篇我写的文章，其中有发表于《觉悟》第三期的《会是谁开的》《世界不向后走》，《觉悟》第四期的《妇女们》《口是心非》，《觉悟》第七期的《像这样站岗行吗？》，《觉悟》第八期的《中秋节》等。

那时的我就已深深地认识到，革命文艺是战斗的武器，正如毛主席说的，革命的文艺是团结人民、教育人民、打击敌人、消灭敌人的有力武器。在抗日烽火中，很多地方都留下了我们的足迹，这不是哪一个人的功劳，而是集体的功绩。

我在西北战地服务团工作近两年半，在党组织和老师们的亲切关怀和培育下，我从一个幼稚无知的孩子，成长为一名文艺小战士。我不仅懂得了抗战和革命的理论，也初步学会使用文艺这个战斗武器，初步认识到将来的奋斗目标是实现没有剥削、没有压迫的共产主义。这些为我后来成为一名共产党员和党的基层干部，打下了基础。每当我回忆起在抗日烽火中战斗的童年，心情总是久久不能平静。作为一名普通的文艺战士，谈不上有多少贡献，更没有动人的事迹，但是我为抗日战争、为革命文艺工作，尽了一份力量，做了一些工作，起到了一定作用，我心里感到充实和幸福。

### 向革命圣地延安进发

1942年是抗日最艰苦的一年，晋察冀边区党政军团各机关实行了“精兵简政”政策，西战团也进行缩编，少艺队除个别人外，都被调走了，我和耿文星同志一起调到抗大二分校附中学习。1942年12月8日，我和耿文星依依不舍地告别了培育我们的领导和老师们、战友们，来到抗大二分校附中所在地河北灵寿县女庄村报到。校长是李志民，后改为江隆基。在附中，我们主要学习文化、政治和外语。当时生活条件非常艰苦，只能以黑豆、高粱、树叶、萝卜、红枣为主食。由于日本军队的疯狂“蚕食”和“扫荡”，学校又决定把我们从抗大二分校附中调到延安去学习，当时这个决定非常机密。

1943年2月11日下午，学校集合全校师生，包括二分校高上科、陆中和附中，在灵寿县团泊口西边山沟里，听抗大二分校孙毅校长讲话。“今天是反‘扫荡’动员大会，日寇对晋察冀边区的进攻和‘扫荡’，一次比一次疯狂、残酷，为了粉碎敌人新的进攻，保存一批干部和附中一千三百多名革命青年，我们决定组织反‘扫荡’演习。为了行动便利，首先都要轻装，一个背包，一条米带子，一个挎包，一个碗，三双鞋，其余一律精简。行军走路，鞋最重要，新鞋都应穿几天，每双鞋都缝上鞋带，还要结实些，跑起路来跟脚，不会脚打泡、人掉队。另外要求大家注意，不要渴极暴饮、饿极暴食。演习路上，有时吃不饱，甚至饿肚子，但只要脚不出毛病、肚子不疼，就不能掉队。鉴于本次演习路途远、行军急，道路情况复杂，还常夜行军，每个人都要准备一根棍子，黑天帮你探路，蹚水过河用它探深浅，上山当拐杖，下山作扶手，遇到高坡陡壁时，伸出棍子，用手一拉就上去了。”最后他高声说：“在战争环境中，你们念书是多么不容易呀！你们毕业后要担负起打败日本帝国主义、建设新中国的大任。凡是历史上起过作用的人物，无不经过苦其心志、劳其筋骨、饿其体肤的过程……”孙校长的谆谆教诲，像慈父送儿一样。他的深情嘱咐，是鼓舞我们战胜一切困难的精神力量，我们铭记在心。

按照部署，我们抓紧做好行军准备工作，并进行编队。高上科四个队和附中全体同学合编成三个营，分南、北、中三路西行。二分校给附中同学配备了最优秀的干部和老师。我们八队在中路，为第二营，营长汪峰，副营长陈问彪，教导员张驾伍。我们八队队长是冀云，指导员是潘特。女同学单独分两个班，排长是魏风。没过两天，我们就从灵寿县女庄村出发了。冀队长在连级干部中最年轻，可是他带兵很有经验，他带队走在最前面，压住队伍，稳步前进。潘指导员走在最后。董兆琪同学担任联络员，跑前跑后传达命令。为了不被敌人发现，我们都是白天休息，夜里行军，绕开敌人的据点和封锁线，跋山涉水，每天要走百余里，行军非常艰难，可我们没有一人掉队。这一次反“扫荡”大演习一直往西走，到底要到哪里去，谁都不知道，因为我们到达的目的地是绝密的。有一天，冀队长向大家公布我们是到延安去，大家高兴极了，顿时觉得浑身是劲儿，一点也不觉得累了。延安是革命圣地，是红色首都，是每个人早已向往的地方。想着就要见到毛主席、朱总司令了，大家都沉浸在幸福中。

延安

一天傍晚，冀队长告诉我们今天晚上要通过敌人的封锁线，越过日军占领的同蒲铁路，他动员大家要齐心协力，互相帮助，决不让一个人掉队。高上科的老红军被分到各班做指导，把女生分散到男生班里去。我被分到四班，班长叫刘振权，高高的个子，对人热情实在。他对我说："咱们今天晚上的任务就是急行军、强行军，快速通过敌人的封锁线，跨过同蒲铁路。咱们一定要服从命令听指挥，跟上队伍，绝对不能掉队，否则就没命了。咱们到延安去一个人也不能少。你的东西我帮你背，你跑不动了，咱们拉着、拽着也要一起跨过去！你有什么困难吗，有信心吗？"我坚定地对他说："你放心吧！我没有困难，有信心。我决不离开你们一步，累死也要坚持到底！"他很高兴并鼓励我："对！绝对没问题。有什么情况一定要告诉我，不要客气，互相帮助是应该的，这是我的责任和义务。"天刚黑，我们就出发了。当进入敌人的封锁区后，我们开始急行军、强行军，越跑越快，常让人喘不过气来。我怕掉了队遇到危险，心想每个人都累，我不能给别人增加负担，宁可把背包扔掉也不能掉队。决心一下，我悄悄地把背包扔在路边，紧跟着队伍向前跑。没过几分钟，从后向前传口令并传回背包，"这是谁的背包？为什么扔了？"刘振权班长一看，知道是我的背包，立刻将背包背在他的肩上，并说："你怎么不说一声就扔了？"我说："实在是喘不上气来了！"他看我实在累得喘不过气来，又把我脖子上的米袋子也抢过去背上，我身上只剩下一个书包了，我心想：我怎么这样没出息，不，我一定要争口气，要经得起考验；我说了不掉队，就要保证不掉队。于是，我鼓足力气继续向前跑。我们过同蒲铁路的地点是宁武县城北边，快到同蒲铁路时，突然一辆敌人的侦察装甲车隆隆开了过来，只听一声“卧倒”，我们立刻趴在地上。护送我们的战斗部队早就掌握了敌情，待装甲车一开过去就插空快速越过了同蒲铁路。过完同蒲铁路后就要过汾河，汾河上游水不大，但结有薄冰，我们蹚水过河时冷得直发抖。过了汾河爬山过程中，我一不小心把拄的棍子掉到山下去了，怎么办？没了棍子等于少了条腿。刘振权说：“棍子掉了不要紧，我想办法，我到前边小村爬到树上弄一根棍子来！”说完，他就跑到队伍前边去了。我左等右等，他还没回来，我心里非常紧张，我没棍子不要紧，如果他跟不上队可就成大问题了。过了一会儿，他拎着一根刚从树上弄下来的粗树枝回来了，虽不太直但很好用。我从内心感谢他，我们能够顺利通过敌人的封锁线靠的就是互相帮助、同心协力。我永远也不会忘记困难和危急时的深切战友情。

我们继续西行，接下来渡过波浪滚滚的黄河。渡黄河时也是很紧张的，因为人多目标大，怕遭到敌人飞机轰炸，所以要求以最快的速度渡过黄河。我们是乘坐大木船渡河的，当船渡到河中心时，水流湍急，船夫们齐声喊着号子，用力地划着。这是我有生以来第一次渡过这样大、这样深、这样急的河，心里不免有点紧张，大家也静静地不说话。过了黄河就看到了山顶上的县城，陕甘宁边区的武装部队来迎接我们。他们高兴而亲切地对我们说：“辛苦了，你们到家了！”我们心里感到无比的温暖。

1943年4月30日，我们抗大二分校附中一千三百多名师生经过长途跋涉，历时三个月，行程三千多里，通过敌人层层封锁线，历经艰难险阻，带着说不尽的喜悦，终于到达了革命圣地——延安。当时我十七岁。我们八队住在延安城外的桥儿沟，桥儿沟即鲁迅艺术学院的驻地。我们望着巍巍的宝塔山，看着清清的延河水，盯着整齐的一排排窑洞，激动不已！我们从心里热爱延安，我们对延安的崇敬和热爱难以用语言来表达。“啊，延安！你这座庄严雄伟的古城……”

5月3日，陕甘宁晋绥联防军贺龙司令员在延安大砭沟八路军大礼堂亲自主持欢迎会。大礼堂四周贴满了大标语，最引人注目的是毛主席亲笔题写的八个大字：“自己动手，丰衣足食”。贺司令员说：“欢迎同学们到革命圣地延安来，希望你们好好珍惜这难得的学习机会。”贺司令员还告诫大家：“温室里长大的花木，是经不住风吹雨打的。不进火热的炼钢炉，就炼不出顶好的纯钢来。干革命就要不怕死，你们要保卫延安，保卫

八路军大礼堂旧址

抗大七分校旧址

党中央。反动派要打来的时候，你们的身上说不定还要打几个眼眼。你们要严格要求自己，刻苦地进行训练，要在火一般的熔炉里认真锤炼，学会学好武装斗争的本领……抗大的同学是延安的保卫者，要有不怕牺牲的精神，保卫延安，保卫党中央，保卫毛主席。”

5月4日，再次在八路军大礼堂召开欢迎抗大附中的大会，会议由抗大总校何长工副校长和江隆基校长主持。没多久，朱德总司令来了，会场上立刻响起了雷鸣般的掌声和欢呼声，后面的同学都站了起来，都想看看总司令是什么样子。总司令穿一身灰色的军装，腰里扎着皮带，腿上打着绑腿，脚上是黑布鞋，走起路来显得英武雄壮。他笑容满面地向台上走去，频频向我们挥手。总司令站在台前像一位慈祥的父亲，用亲切的目光把我们看了又看，然后才开始他的讲话。他说：“今天我代表党中央、毛主席来看望你们，毛主席因为工作忙没有来，他让我代他问大家好。”大家都站了起来，长时间鼓掌欢呼。总司令讲话声音不大，但一字一句却是那样亲切。他讲了当前的国际形势和抗日战争的任务后说：“你们冲破了敌人的层层封锁线，不远千里来到延安，党中央和八路军总部热烈欢迎你们。你们都是先进的革命青年，你们从前方和敌占区回到后方，按说应该给你们安排个最好的学习环境，可是……”讲到这里，总司令的声调更慢了，看样子很激动。他深沉地说：“可是，我们现在的条件还很难呀！国民党消极抗日，积极‘反共’，正在掀起第三次‘反共’高潮。他们不去前线打日军，却调动了几十万大军包围陕甘宁边区，企图困死、饿死我们。为了坚持抗日，战胜困难，党中央、毛主席号召我们边区军民开展大生产运动，‘自己动手，丰衣足食’。三五九旅在南泥湾一手拿枪一手拿镐，一面练兵习武，一面生产劳动，他们生产的粮食自给有余，你们要好好向南泥湾学习。党中央为了培养青年，要你们到陇东的深山里去建设抗日军政大学第七分校。为了让你们更好地进行学习、锻炼，发给你们每人一把镢头，一支枪，一支笔。党中央要求你们拿起镐头开荒地、打窑洞，自己动手，建设校舍；拿起枪杆子保卫边区，学好带兵打仗的本领；拿起笔杆子学习马列主义和文化知识。为民族解放，为建设新中国贡献自己的力量。你们都很年轻，你们最有前途……”

朱总司令的话使我们受到了深刻教育，我们认清了国际国内的形势，明确了任务。党中央给我们指明了前进的道路，我们决心沿着这条道路奋勇前进，在火热的革命熔炉中去锤炼自己。几天后，我们抗大七分校的师生，换上了灰色新军装，满怀深情地告别了延安，唱着嘹亮的抗大校歌向陇东深山老林里挺进。

**抗大七分校在革命熔炉中锤炼**

抗日军政大学第七分校，由晋西北迁到甘肃陇东合水县驻大风川，编为第一大队。我们抗大二分校附中编为第二大队，进驻华池县豹子川。抗大太行陆中和太岳陆中编为第三大队，进驻平定川。另外有两个女生队直属校部，驻合水县柳沟，校部先在合水后迁驻东华池。校长彭绍辉，副校长喻楚杰，政治部主任杨尚昆，全校教职工和学生共四千余人，其中女生三百多人，我是女生二队的学员。陇东地处西北黄土高原，在深山老林里，生长着茂密的树林和遍地的野果，杂草丛生，特别是有种蝎子草，一碰上就蜇人。森林里随时都可以见到不怕人的狼、野猪，还有遍山跑着呱呱叫的野鸡。这是一片尚未开垦的土地。

全校同学首先要完成的任务是挖窑洞。男同学挖窑洞非常艰苦，有不少同学被砸伤，但他们坚持战斗不下火线，一排排整齐的窑洞都是自己动手挖出来的。我们女生二队住在距离合水县城不远的柳沟，这里有几孔旧窑洞。我们把旧窑洞修整加固后便住了下来，女生一队住在马路的另一边。我们的队长是顾玉玲，指导员是田景田，都是原抗大二分校的女干部，我在班里任副班长。

考虑到女生队在路旁的安全，我们自己动手建起了围墙、大门和岗亭，后来又盖了一个厕所。有一天晚上，轮到我和另一个同学站岗，我们轮换着从三面观察孔中瞭望情况。忽然，我听见从北边传来哼哼声，“你快听，快看看是什么东西？”我们两人密切注视着，当声音靠近岗亭时我们才看清，原来是一头大野猪，嘴比一般猪长，个头也很大。我们担心野猪撞进来有危险，一直看它走远了才松了口气。

我们抗大七分校 1943 年 5 月上旬才从延安进驻陇东，联防司令部非常关心我们这些十七八岁的青年，不仅发给我们当年吃的粮食，还发给边区自制的灰色粗布和羊毛毡。校领导决定全校几千套棉衣都由女生队负责缝制，我们迅速投入缝制棉衣的大会战。领导要求我们不但要缝得好，而且还要快。开始我们不熟悉，缝得慢，尤其是我从小念书，十三岁就离开了家，根本没有缝过棉衣，比我大的同学由于家庭贫苦，很小就学会了做衣服，所以我就一边缝一边细心地学。

当年要吃的粮食——糜子米主要靠我们自己到几十里外的地方去背，没有口袋就把裤腿一扎搭在肩上，排着队看上去整齐又好看。空手去的路上，大家有说有笑，歌声不断；满载粮食回来时，大家满头大汗，气喘吁吁，鸦雀无声。做饭烧的木柴也是靠我们自己到森林中去砍枯死的老树，锯成一段段扛回来，比背粮还辛苦。因为深山老林里常有各种野兽出没，所以我们必须集体行动。

我在女生二队待的时间只有三个月，

纺纱织布送前线

我们自力更生建设校园。在同学的帮助下，我不但学会了背粮背柴、手工捻毛线、织毛袜、缝制棉衣，而且还学到了自己动手、丰衣足食的好思想，学到了艰苦奋斗的革命传统。1943年8月，校政治部下令调我到抗大七分校文艺队去工作。服从命令是军人的天职，队长、指导员找我谈话，肯定我的成绩，并激励我在新的工作岗位上要继续努力。欢送我的那一天，食堂的大师傅专门给我做了野鸡肉吃。在同学们一片欢送的掌声中，我背上背包，挎上书包，依依不舍地离开了女生二队，到合水县抗大七分校文工队去报到。从此我又回到了文艺宣传工作战线上。

抗大七分校文工队并非完全脱产专门搞文艺工作，而是和同学们一样，在整风和大生产运动中承担同样的生产任务，就是减少了学文习武的时间。文工队的队长是陈播，指导员是解杰，队员中不少都是八队的同学，绝大部分都是晋察冀各文艺团体调出来的。到了文工队这个集体，大家很快熟悉、工作起来。由于国民党对陕甘宁边区的长期经济封锁，生活条件非常艰苦，日用品非常紧张。没有纸张，我们就用桦树皮代替纸张；刷牙没有牙膏、牙粉，我们就用咸盐刷牙。每个班发一个脸盆“三用”——盛菜、洗脸、洗脚，轮到谁值日，就负责用炉柴灰将盆擦洗干净。

文工队也有大生产的任务，每个人的具体任务分工都不同。男同学主要是挖窑洞、开荒地种粮种菜、上山烧木炭、养猪羊等；女同学的主要任务则是用纺车纺线、纺毛线。我根本不会纺线，但经过一段时间的学习都学会了。我们每个人都有自己的纺车，我们文工队的女同志在窑洞里把纺车排成行，当纺线熟练以后，我们可以边纺线边唱歌。全校各队之间开展了生产大竞赛。开荒地累，纺线也很累，纺车要不停地转，细纱要不停地纺出，线要不停地缠绕在线轴上。开始我们一天只能纺四五两纱，还累得腰酸胳膊痛，后来速度提高到一天七八两。被评为全校劳动模范的李振敏同学竟然一天纺出了一斤精纱。我积极向劳动模范学习，克服困难，忘记疲劳，拼命追赶。虽然没能赶上劳动模范，但我也达到了一天纺精纱九两的水平，获得了“纺纱突击手”称号。在一片称赞声中，我的心里美滋滋的。当我们把纺出的毛线染上色，再用手工织成毛衣、毛袜分给男同志穿上时，大家高兴极了。

我们文工队除了完成生产任务之外，还要抓紧时间完成文艺宣传任务。我们常常分组下连队了解情况，搜集资料，我们根据学校的生产、教学、训练、政治任务等要求，为全校师生创作和演出了许多节目，深受大家喜爱。我参加过秧歌剧《上天堂》（饰演边区的老太太）、《牛永贵负伤》（饰演永贵之妻），话剧《把眼光放远一点》（饰演老二妻），也担任过秧歌剧《识字好》的

日本宣布投降后，中共中央所在地延安人民欢庆抗战胜利

导演，参加过以郝玉生为主集体创作的话剧《两种作风》等。

1945 年 8 月 15 日，日本宣布无条件投降，艰苦卓绝的抗日战争在中国共产党领导下终于胜利了。我们听到这个消息后发出一片欢呼声。我在日记上有这样的记载：

一阵热烈的狂笑
一阵兴奋过度的眼泪
一阵撕破嗓子的喊叫
一阵动天的掌声

不错，人民总会战胜敌人，正义总会战胜邪恶。中国人民从抗战那天起就盼望着胜利，经过八年的苦战，无数流血牺牲，我们才取得了今天的胜利。记住这个胜利的日子，是共产党及中国人民用八年的苦战所创下的。这个胜利的日子在世界历史上也将是光辉的一页。

抗日战争胜利了，从 1939 年 9 月参加革命到 1945 年 9 月，经过党对我的长期培养教育，经过抗日烽火对我的考验，又经过抗大革命熔炉对我的锤炼，我再次迫切要求入党。经徐琪、张友二人介绍，我于 1945 年 11 月 1 日被批准加入了中国共产党，随后又投入了争取全国解放的伟大斗争中。

# 在古河抗日救国动员委员会的日子里

文／周建本

1939年九十月间，我已在安徽省全椒县农村流浪漂泊了两年，全家流离失所，因为“国军”到了古河。大哥在“古河区抗日救国动员委员会”找到了工作，我也能随其在“动委会”生活。当时我尚不足十三岁，因读了几年小学，能够协助大哥做点工作，所以也就成了“动委会”的正式工作人员。

“抗日救国动员委员会”是抗日战争初期国共两党合作的产物，顾名思义，是动员、组织群众进行抗日救国的机构，如组织农民抗日救国会（简称“农救会”或“农抗会”）、青年抗日救国会（简称“青抗会”）、妇女抗日救国会（简称“妇抗会”）等。而实际上，由于国民党抗日态度不明确，因此，“动委会”实际上是我党主导的统一战线组织，成了我党动员群众、教育群众进行伟大抗日战争的场所。

“动委会”原本设在古河镇上，遭受日本兵的洗劫后，搬到了古河北面七八里地的赵庄。“动委会”实在是一个不显眼的机关，不挂牌，一共只有四个人，即主任、大哥、一个不识斗大方字的青年农民和我。一套油印工具，几十张光连纸，一个订书机和一盏煤油灯，这些就是“动委会”的全部办公用品了。我问大哥：“凭我们四个人的力量及现在的各种条件，能担当起动员、组织民众，组织起‘青抗会’‘农抗会’‘妇抗会’吗？为什么见不到张主任做这个工作呢？”大哥立即回答道：“不能，不能，别说力量不够，政府还要刁难呢。”他接着说，“不过不能说张主任没有做这个工作，只能说他的工作方法和我们不同。他的工作比我们重要，工作一定会有成效的。不要和别人说这些，说不好是要掉脑袋的。”

的确，参加新四军后我才明白，在“动委会”存在的不长时间里，它对抗日战争作出了不小的贡献，张主任在“动委会”里为抗日做了许多有益的工作。

大哥的工作是编写农民识字课本，由我印刷、折叠、装订成册，这个工作使我感到新鲜有趣。天刚黑，十几个青年农民聚集在一间空屋中，首先由大哥教认字，原先教的是与抗日救国有关的字，后来改为与生活、种地有关的字，这样使大家对识字有了兴趣。认一会儿字，再用半个小时由大哥宣传必须动员组织起来抗日救国的道理，主要内容有：东洋兵为什么要侵略中国；东洋兵第一步是占领东三省，第二步是占领华北，现在是要占领全中国；日军的残暴罪行，亡国奴的悲惨命运；中国民众只有组织起来进行伟大抗日战争，把日本帝国主义赶出中国，中国民众才能扭转悲惨的命运，等等。我们每天还交替着到附近村庄进行宣传工作。

使人感到奇怪的是，每天早饭后直到傍晚，很难见到张主任。过了一两个月，情况有了变化，张主任要我和大哥这几天就在本村工作，并且尽可能在白天工作。他要大哥多找人聊天，让我多找几个小朋友玩耍，他自己或闲步于田埂上，或漫步在池塘边，或盘坐在草堆旁，有时则在茅屋内，和这个人那个人谈话，从不间断，这使我感到有什么事情要发生。

又过了一些时候，一天早饭后，张主任突然对我说：“建本，交给你一项任务。你今天到镇上去，到处走走，到处看看，注意镇上情况有什么变化，回来告诉我。”

我说：“镇上不就是有人有店，会有什么变化呢？你得告诉我要注意哪些方面可能有变化呀。”

张主任说：“我要知道镇上有什么变化，就不要你去看了。所以我也没法告诉你看什么。我只要求你一面看，一面想，把看到的记在脑子里带回来就可以了。只要求你注意一件事，就是不要和别人乱搭话。”

我摸不着头脑，心想：究竟叫我看什么呢？既然这样，一定是有什么奇怪的事情吧。反正脑袋长在我的头上，我就去看吧，如果看不到什么你也不能怪我呀。在向镇上走去的时候，我心中仍然纳闷着，他究竟要我看什么呢？

到了古河镇，刚进街头就看见了两个哨兵，穿过两条小巷又是两个哨兵，哦，哨兵增加了，这算不算我看到的呢？我走上大街，来回走了两趟，在一家茶馆门前停了下来，向里瞧瞧，哦，喝茶的人多了，好似都在窃窃私语，这又算不算是我看到的呢？我又向街头走去，并顺便看了看在那里读过书的小学，发现了更为明显的变化：在显眼的墙上、树干上，尤其在古河小学、专员公署的大门外，都贴了许多新标语。主要内容有三条：我们只有一个领袖蒋委员长，我们只有一个政府国民政府，我们只有一个主义三民主义。回来时刚出街头，见到一个猪圈上还贴着一条大红标语，上面写着“我们只有一个领袖蒋委员长”。我感到这几条标语很好记，因为都是一句一句的，而国民政府、三民主义这几个词，在小学的周会上常听说，也就不必发愁记不住。在返回“动委会”的路上，我感到非常自信，相信自己一定发现了不少张主任所需要的东西。

我很快回到“动委会”，向张主任汇

报了在古河街上感到的变化。张主任听完后对我说：“你这次去镇上，不只是用眼睛看了，而且用脑子想了，你的眼光很敏锐，你看到的都是我所需要的，尤其这三个‘一个’是很有名堂的。我要告诉你的是，这些标语说明现在的中国，在对待抗日和国家前途的问题上，存在着两条道路，一条是坚决抗战的道路，是国家、民族的光明前途；一条是对日妥协投降的道路，是做亡国奴的前途。现在是有志抗日的爱国青年选择正确道路的时候了。”

从这天起，“动委会”的情况又起了变化。白天见不到张主任的人影了，天黑了，张主任又总是要大哥和我到老乡家去串门，自己则在屋里和别人谈话，而且看得出来，气氛十分紧张。又是一个星期过去了，有一天天刚黑，张主任把大哥留在室内谈话，要我出去转转。我独自走到“场基”上的草堆边，坐在石磙子上，思考着这两三个月来见到的和听到的，心中有着许多困惑：这几个人怎能发动群众呢？抗战的中国又出现了什么党什么军呢？抗战存在两条道路，我们现在是走在哪条道路上呢？尤其是张主任和大哥对我说的话，话里总有话。

许多问题归结到一点，就是近来的局势是不是要发生大的变化？但是我并不感到担忧，因为我深信大哥能选择正确道路，深信张主任是一个好人。正确的路，大哥一定选定了。夜深了，大哥叫我回屋休息，并说：“明天早些起来，我们要搬家了。”

第二天，天刚蒙蒙亮，我就醒来了，张主任已经整理好行装准备动身。他从衣袋中拿出一张折叠好的字条递给大哥，反复叮嘱道：“放妥，放妥，放在不易发现的地方。”他又说，“我走小路，你有建本弟同行，走大路更安全些。走西王集、兴隆集、大马厂这条路，要早走快走，千万别犹豫。”

我两三口喝完了一碗稀粥，由那位青年农民挑着行李，三人出了门，直上大路，闷着头向北赶路。碰到陌生的同路人，相互凝视一下走开了；遇见熟悉的人，点点头、招招手就岔开了。我一路走一路想：搬家为什么起得这样早？搬家为什么这么多人同时走，又不一路走？搬家为什么这样神秘？不，不，这绝不是搬家。我忍不住地问道：“大哥，我们到哪里去？”

“到北边去。”大哥回答我。

“到北边去干什么？”我继续问。

大哥感到很为难，说道：“去受训，三个月就回来。”又说，“别问了，再走两三个小时就到了，那时你就明白了。走不动，咬咬牙也得坚持下去呀。”我明白这是一件不同寻常的事，而且在这个时候，我不相信大哥又能相信谁呢？我对大哥说：“大哥你放心吧，我再累也会坚持呀。”

天空放晴，初冬的风吹在脸庞上冷飕飕的，但我却满身是汗。快晌午了，我们早已穿过西王集，眼见到了兴隆集。兴隆集是一个小集镇，一条南北向的街道，约一里长，晴朗的天一眼就能望穿。我们刚进街头，就隐隐约约见到七八个人，成一路纵队从北头进街，显然是几个大兵。大哥估计难以从后街避开，为避免弄巧成拙，便立即带我们进了一家茶馆，泡了三杯茶，买了十几个“花团”、一包云片糕、几块桃酥，边吃边喝。

一会儿，几个挎着盒子炮（即驳壳枪）的“丘八”也进了这家茶馆，围着两张茶桌坐下，泡了四杯茶，要了八个杯子。我暗地里数了一数，共八个大兵。大兵刚刚坐定，一个小头目走了过来，围着我们的桌子转了两圈，像一只野狼寻食般总想嗅出一点“异味”。他转到我面前停下了，把我上下打量一番，并用眼睛盯着我。我镇定了一下，想：你要找岔子？难道我不是一个地地道道的小学生吗？我不示弱，也睁大了眼睛盯着他。两人的目光对峙了一下后，我怀着好奇的神情，歪着头将目光移到了他的驳壳枪上，终于把他逼回去了。小头目回到狼群里，没有坐下，喝了两口茶，挥了挥手，一个个出了店门扬长而去。老板赶紧过来说：“老总，请你们付给茶钱吧。”最后的那个“丘八”道：“记个账，下一次一块儿给不是更省事吗？”店老板回来边收拾桌子边骂道：“这帮兵痞子到哪里都揩油，还说他不得。”

过了一会儿，大哥到店外一看，见“丘八”们走远了，立即付了茶钱，向我俩挥了挥手示意快走。我们一出门就忘了疲劳，在大路上疾驰，穿过大墅街时太阳偏西。等到了管家坝，看到几名军人穿的都是灰军装，左臂上戴着臂章，

# 新四军军歌

集体作词 陈毅执笔
何士德曲

1=C 4/4

庄严、雄壮

1 5 3 1·2 | 3 4 5· 6 5 | 4 3 2 2 3 2 1 | 2 5 3 - |
1.光荣北伐武昌城下，血染着我们的姓名；
2.扬子江头淮河之滨，任我们纵横的驰骋；

1 5 3 1·2 | 3 4 5· 6 5 | 4 3 2 2 3 2 1 | 2 5 1 - |
孤军奋斗罗霄山上，继承了先烈的殊勋。
深入敌后百战百胜，汹涌着杀敌的呼声。

6· 6 6 4 3 | 5 - 5 0 | 4· 4 4 5 4 | 3 - - 0 |
千百次抗争，风雪饥寒；
要英勇冲锋，歼灭敌寇；

6· 6 6 7 | 1 7 6 6 7 | 1 7 6· 7 | 5 - - 5 6 7 |
千万里转战，穷山野营。获
要大声呐喊，唤起人民。发

1 0 1 1 1 1 4 | 3· 2 1 6 7 1 | 2 0 2 2 2 2 5 | 4· 3 2 3 4 |
得丰富的斗争经验，锻炼艰苦的牺牲精神，为了
扬革命的优良传统，创造现代的革命新军，为了

5· 5 5 5 4 5 | 6· 6 6 6 6 | 5 - 6 6 | 5 5·5 6 7 |
社会幸福，为了民族生存，一贯坚持我们的斗
社会幸福，为了民族生存，巩固团结坚决的斗

1 - - 1·1 | 1· 7 6 5 4 5 | 6 6 6 3 3 1·1 1 | 6· 5 4 3 2 1 |
争！八省健儿汇成一道抗日的铁流，八省健儿汇成一道
争！抗战建国高举独立自由的旗帜，抗日建国高举独立

3 3 3 2 5 0 5 5 0 | 1 1 1 - 5 5 5 | 1·5 3 1 5 0 6 6 0 | 2 2 2 - 6 6 6 |
抗日的铁流。东进，东进！我们是铁的新四军！东进，东进！我们是
自由的旗帜。前进，前进！我们是铁的新四军！前进，前进！我们是

2·1 7 5 1 0 1 1 0 1 | 3 3 3 - 5 5 5 | 3· 1 2 3 | 1 - - 0 ||
铁的新四军！东进，东进！我们是铁的新四军！
铁的新四军！东进，东进！我们是铁的新四军！

上面印着“N4A”，大哥才松了一口气，对我说：“建本你真行，那几个兵就是来抓我们这些人的，你沉着不慌，把他们顶回去了。”

大哥的神情松快了，虽然和古河仍在同一个天地里，但一切都变了，天变了，地变了，人变了，归结起来是命运变了。我想现在该是问个明白的时候了，我问道：“大哥，根据一路的情况，我们不会再回古河了吧？我们到这里究竟是干什么呢？”

大哥立即回答道：“参加新四军。”我说：“俗话不是说‘好铁不打钉，好男不当兵’吗？”

大哥接着说：“现在时代变了，东洋兵要吞并全中国，大家都不当兵，谁来把东洋兵赶出中国去？所以现在是‘好铁要打钉，好男要当兵’。”

我又问道：“那么在古河不也可以当兵吗？那里军队的武器还比这里军队的武器好得多呢。”

“你在古河不是已经看到了吗？那里的兵有抽大烟的，有欺负老百姓的，特别是他们不打东洋兵，我们能当那样的兵吗？当兵也要看好坏呀。”大哥耐心地向我解释。

我立刻对大哥说：“大哥，请你放心，对许多事情我也在用脑子想，我相信你是把我带到光明大道上来了。”我的话刚落音，就见一位军人走来。大哥迎了上去，说明来意，那位军人把我们带到连部，连指导员热情地接待了我们。

大哥把张主任给的介绍信，从鞋垫底下拿出来，递给了指导员。指导员看后连忙说：“欢迎，欢迎。现在我们正需要你们这样的青年学生投入火热的抗日斗争。”“现在每天都有你们这样的青年学生、知识分子、爱国人士从古河等地到新四军来。李本一派了大批军警进行拦阻、追捕、镇压，我们是上级派来欢迎、掩护、保护你们的。今天凌晨就有八个国民党军警追捕几名爱国青年，是我们掩护他们脱离了危险，到了安全地区。”

我听了惊奇地“哇”了一声，说“我们也碰上那八个兵了，在茶馆里还紧紧盯着我们，最后没有抓我们。”

指导员说：“那是因为你年纪小，他们认为你不会是来参加新四军的，有你这块挡箭牌，所以没有抓你们。现在安全了，可以安心休息了。明天送你们到中心区去。”

翌日早饭后，一位比我大两岁的小兵，背着一支步马枪，带领我们经过鸦寓集，到达瓦屋薛。大哥和我刚要跨进招待所的门槛，就听到一个声音叫着“建邦、建本”。我向传来声音的方向望去，原来是建德大姐！我高兴极了，飞快地跑到大姐面前问道：“姐姐，你是什么时候来的？”

姐姐说：“我们差点儿就不能见面了。前天天刚黑，我们一行八个人离开古河，因为天黑选择走大路。经过西王集、兴隆集、大墅街，就发现后面有几个国民党军警在追捕我们。我们快步赶至管家坝，找到联络处，他们把我们藏在存放粮食的暗仓里。新四军到了管家坝，知道后要我们出了仓，让我们分散夹在队伍里，把我们接走了。”

我瞪大眼睛惊奇地问大姐：“姐姐，抓你们的兵是八个人吗？”

大姐问：“怎么，你们碰上了？”大哥说：“是，我们碰上了。我们刚进兴隆集就见到他们，估计已经避不开了，就

随机应变闪到茶馆里。一个小头目围着我们的桌子转，两眼紧盯着建本，建本也用眼睛盯住他，还真把他给顶回去了。”

大姐说：“建本你真行。”我说：“我哪里知道是这么危险的事啊。”大姐突然问道：“建民呢，没有来？”大哥回答道：“我去‘三临中’接他，‘三临中’已被军警戒备得水泄不通，只准进不准出，我进去了，也就出不来了。张主任认为建本在古河镇上见到的增加哨兵、新贴标语等，是中央军要抓人、要进攻新四军的信号。他要我们快走，不然就走不了了，所以没能把建民接来。”

大姐的眼圈红了，她叹了口气说：“现在已经晚了，建民要吃苦了。”她强忍着心痛，拉着我的手说：“走，学唱《新四军军歌》去。”

我们三人向后山坡走去，阵阵歌声从后山坡上传来：“光荣北伐武昌城下，血染着我们的姓名；孤军奋斗罗霄山上，继承了先烈的殊勋……”我听不清歌的歌词，听不懂歌的含意，但能听得懂歌的旋律，这是一首威武雄壮的进行曲。

当走近歌唱的人群时，我们似乎见到了许多熟悉的面孔，尤其是“动委会”的张主任、古河小学的邱校长，几乎各界人士都有，看得出来，都是从古河方向来参加新四军的。这时我明白了“动委会”是做什么的和张主任的工作对抗日战争的贡献。我们走进人群，教唱歌的女兵要我与同龄人站在一起，放声学唱《新四军军歌》。我看着歌词，唱着歌曲，想着歌意，在对军歌肤浅的理解中，把它的内涵归结到最后一句歌词上来：“东进，东进，我们是铁的新四军！”

新四军肩章

# 革命征程旋涡多

文 / 刘水波　陈秋旭

革命在任何时候都不是一帆风顺的。

抗日民族统一战线形成后，经国共双方协商，居于黄河西岸的绥（德）、米（脂）、佳（县）、吴（起）、清（涧）五县因位居边区北大门，故抗日河防防务划归八路军管辖。不久又建立了具有统一战线性质的抗敌后援会绥德分会。但地方行政事务仍被国民党政府所占据。所以，共产党领导下的各级政府暂不能公开活动，只能以各级抗敌后援会的名义开展工作。

警备区国民党的正规军撤走了，但地方武装保安团及特务组织遍及各地。八路军的代表一到，国民党特务便视之为“眼中钉”“肉中刺”，暗中监视。对共产党的地方干部，采取反革命两面手法，表面上热烈欢迎，热情款待，请吃请喝又送礼。有的干部经受不住敌人的诱惑，吃了喝了也拿了。这些人又指使人暗中告发，说八路军干部强迫他们请客送礼。不少干部因此受到处分而被调走。

我被安排在六区冯家乡联保，该乡驻有国民党的一个联保大队和一些隐藏的特务。经过几次较量，他们见我不吃软的，就采取强硬手段企图逼我走。我住在群众家，他们就设法跟踪监视。我则一有机会，就在人多的地方宣传党的抗日主张和统一战线政策，号召人民群众起来支援抗日斗争，同时积极争取在国民党保安队当差的一些倾向革命的穷苦出身的人做我的耳目，及时向我提供其活动情况。那些国民党保安队和特务见无法下手，便组织地痞流氓围攻我的宣传活动，我则乘机利用这种公开场合，同他们进行激烈的辩论。当时这个乡只剩了我一个地方干部。国民党的人说：“你看别人都走了，就你一个，能成什么气候，赶快走吧！”

“八路军战士是最讲组织纪律的，我是奉命而来，要走也得服从上级命令。”我理直气壮回答他们。

“你们讲抗日，这里又没有日本人。有本事上前线去打日本，在这里空喊口号干什么？”联保处的人无不得意地说。

“打日本是全中国人的共同任务，只有发动每一个群众，动员所有的力量，

绥德

抗战才能取得最后胜利。咱们都是中国人，都有支持抗战的责任和义务，大敌当前，每个人只是分工不同，这怎能叫空喊口号呢？”

“你煽动群众，是破坏统一路线，破坏抗日。”国民党联保队振振有词。

“真正破坏抗战事业和统一战线的，恰恰是你们国民党。”我一口气列数他们在各地制造的摩擦事件，驳斥得他们理屈词穷，哑口无言。

后来，有人认出我曾是子长县苏维埃政府主席，便向国民党特务告密，进而向他们的上司报告要除掉我。冯家乡的保安大队长吴天昌阴险狠毒，他让联保处写了个呈文，一式两份，一份送国民党县政府，一份给驻防米脂的八路军。呈文中给我捏造了几条罪状：一，鼓吹阶级斗争，宣传土地革命；二，募捐经费；三，勾结土匪，扰乱治安。并密谋要将我押送县政府。吴天昌谋划在押送途中将我打死，然后造谣说是我畏罪潜逃被保安队追捕击毙。

联保处有个勤务兵，出身贫寒，在党的抗日政策的感召下，觉悟迅速提高，经主动争取和教育，成为我在联保处的耳目。当得知这个消息后，他连夜向我报告。

于是，我从思想上作好了准备，在行动上做了一番周密的计划。

第二天一早，联保处派人通知我去开会。我事先约好当地有影响的冯文江、冯祖述二人同去，二人又约了一个保长。一走进联保处，八九个保安队士兵在一个中队长的带领下提着驳壳枪，来回走动，杀机暗伏。我视而不见，大踏步走进联保主任的屋里。只见联保主任马逢乐、保安大队长吴天昌、两个保安中队长、一个国民党“复兴社”特务正在等待。我大声喊：“你们在开会吗？我能参加吗？”

“你来得正好。”吴天昌正等得不耐烦。

说话间我就上了炕，坐在马逢乐身边。这时，冯文江等三人也进了屋，众人寒暄起来。在对方毫无防范之下，我猛地把马逢乐怀里的那个公文包夺了过来，又迅速抽出里面的那个呈文，当众大声念了出来。霎时，那几个家伙傻了眼，你看我，我看你，静悄悄一声不吭。念完后，我顺势从炕上站起来，指着保安大队长和联保主任的鼻尖骂了起来：“你们到底想干什么？我看你们是十足的汉奸卖国贼。你们给我捏造的这些罪名，请问证据在哪里？你们说我宣传阶级斗争，说我募捐经费，证据又在哪里？我让你们去斗争谁，向你们在座的哪位要了多少钱？我勾结土匪，土匪在哪里？

你们一而再、再而三地赶我走，现在又秘密谋害我，你们还算人不算？什么时候你们讲过统一战线，讲过团结抗日？现在这里有你们的保安队长，有你们的群众。我现在就走，向驻军汇报，如在路上遭人暗算，你们联保处吃不了兜着走。我已向文团长写好遗书，他如收到我的遗书，团部会派来部队把你们保安队给收拾干净！”

我这一摆阵势，把在场所有的人都给镇住了。冯文江等一看时机已到，劝解我道：“刘指导员，事情要商量解决，刚才听你念到联保给政府的呈文，那上面写的都是无根无据的，暗杀八路军的指导员，那就更不对了嘛。指导员到这里来，是为了动员民众抗日，并没有做过什么坏事，这是人所共知的。眼前发生了这事情，我们也有责任……”冯文江说到此，又转向联保处马逢乐等人说：“……我看只有你们承认错误，才能解决问题。”冯文江一边说，一边看着吴天昌等人。

联保主任马逢乐哭丧着脸：“对不起，刘老弟，这是我的错。我这个联保主任太难当了，八路军向来宽宏大量，请不要误会……”

其实我心里明白，联保主任向来胆小怕事，这个呈文是吴天昌和那个国民党特务写好后逼他以联保处名义发出的。我便顺水推舟：“马主任既然认错了，又有咱当地有名望的先生们说情，各保长也在场听到了，我是八路军干部，从不计较个人恩怨。但原谅和让步是有条件的，如真有诚意，首先要保证，你们以后不再干坏事，不再干让日本人高兴、国人唾骂的卑鄙事情。有些人当面是人，背后是鬼，他自己心里最明白。现在还不悬崖勒马，我看绝不会有好下场。”

绥德革命英雄纪念碑

如此一闹腾，吴天昌这个坏家伙便下不了台。他把所有的怨气都发泄到联保主任马逢乐身上，便对马逢乐破口大骂，气得马逢乐差点要哭鼻子。最后，吴天昌害怕把事态扩大对他不利，也不得不承认了错误，并对我个人的安全问题做了保证，表示以后好好相处，支持我的工作，支持抗日。

后来，在地方民主人士冯文江等人的积极支持下，当地群众和联保处联名向国民党县政府和八路军驻军写报告，说要继续挽留我在该乡工作。这以后，工作就顺手多了。可惜没过多久，警备区特委调我回去，另有任用。

虽然时隔半个多世纪，但与国民党地方顽固势力的斗争依然历历在目。重提往事，一是对过去革命艰难的追忆，二是告诫年轻人：对当今的和平要倍加珍惜，做一个有益于社会，有益于他人的人。

# 桥儿沟的欢乐

文 / 易达美

### 到润之先生那里去

1946年2月10日，在重庆较场口发生了一件震惊国内外的事件——国民党特务、打手冲进了广场上的一个群众集会。他们大打出手，郭沫若、李公朴等好几位知名人士被打伤，而这个集会只不过是为了庆祝国共联合政协会议的召开，是很正当的。小哥和我随妈妈目睹了事件的全过程。当时我十四岁，对有些事还不是很懂。不久，妈妈兴奋又神秘地问我："我要到延安去，你去不去？去找润之先生。"我高兴得跳起来，不假思索地答道："去！"有什么好想的呢？既然延安是共产党的地方，毛润之先生在那里，那当然是好地方。

特务把持的较场口会场

1946年早春一个晴朗的早上，我随妈妈搭乘一架军用飞机，离开了重庆，飞向延安。我哪坐过飞机呀，还是军用的，它颠簸得好厉害！不多久，我的新鲜劲儿、好奇劲儿就被不断的呕吐冲没了，我难受极了！这时，坐在我们对面的一位面目慈祥，说话和气，略上年纪的人，递给了我几块水果糖，他安慰我说："不要紧的，吃点糖吧！"我正为自己的窘相不好意思，旁边一个妇女对我妈妈说："他是周恩来同志。"

就在这一瞬间，我完全忘掉了难受，眼睛睁得老大，使劲地看着这位陌生而又熟悉的人。妈妈欣喜地连声说："哦！哦！……"

谁不知道周恩来呀！妈妈多年来在家中订有《新华日报》，她常引导哥哥们讨论时局，我经常旁听，对这个名字早已熟悉。我加入革命队伍，竟然是以和这位世人敬仰的人物如此富有戏剧性的相遇为开端，多么意想不到和令人庆幸！两个多小时的航程，使我得以第一次俯视祖国的壮丽山河。飞机降落在春光明媚的延安机场，在前来机场迎接的人群中，我一下就看到了身材高大的"润之先生"——毛主席。抵达延安第一天所经历的这一切，令我终生难忘。不久，我被安排到桥儿沟的延安中学学习，这里给我留下了一生中珍贵的一页。

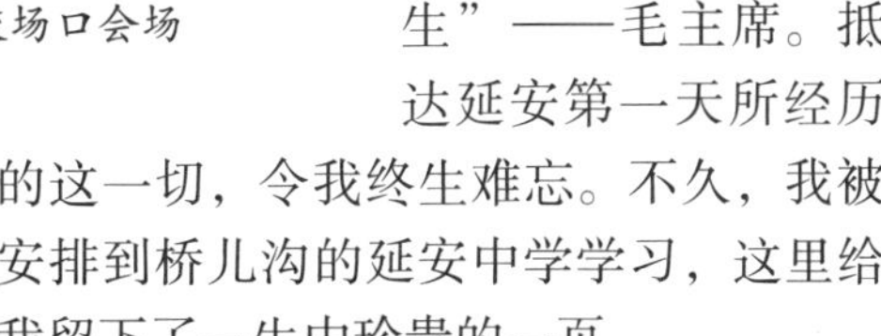

### 一缸挂面糊糊

我被编入最低年级的十三班。这个班在沟里头的山腰上，一排好几个窑洞。我个子小，又来自重庆，使人对我产生了"没吃过苦"的印象，所以老师和同学都很照顾我，特别是班上几位年龄稍长、比较老成的女同学。当时，小米是我们的主要口粮。初次吃这种东西，一口下去，感到它粗糙发干，难以下咽。开始，我用一个儿童漱口杯当饭碗，就这样还吃不完，到晚上能不饿吗？可是我不敢说，只能忍着。一天晚自习过后，外面下着雨，我肚子又饿了，便早早上炕，缩在被窝里静听同窑洞几位女同学说笑。忽然，班上的两位大姐姐从外面进来，来到我的面前，有一位手里捧着一个中号的搪瓷缸，她把缸子递给我说："吃吧，这是煮挂面。"我又高兴又难为情，爬起来，接过缸子把这珍贵的细粮往嘴里送。挂面很咸，又因为缸子小，挂面早已成了一碗齁咸的面坨坨，但我还是老老实实一口一口地往下咽，因为这是老师和同学们对我的真诚关怀啊。四十五年来，每当谈到小米，我就想起当时的这件事，两位大姐姐的身影更是历历在目。一年后，由于胡宗南的进攻，我们分散撤退，我再也没能和她们相会，我甚至都想不起她们的名字，这使我心里很不好受，深感对不起她们。今天，让我从心底呼唤一声："大姐姐们，你们现在在哪里？请回答我！"

我在十三班处处受到老师和同学们的关怀和照顾，与这个集体结下了很深的感情。不久之后的一天，班主任老师突然通知我说，我被调到高一个年级的九班了。我很不愿意，因为我已经爱上了十三班，可老师说必须服从组织决定。晚上，我便睡在九班的窑洞里了。

虽然九班的同学多数都是哥哥姐姐，他们对我也都很热情，但是我刚入学时得到的关怀、友爱均来自十三班，我已经习惯了十三班，我眷恋十三班的老师和同学。我躲在被窝里偷偷哭，边哭边琢磨。最后，我作出了一个重要决定，才渐渐睡去。第二天，天还没大亮，我悄悄爬起来，抱着铺盖，回到了十三班。事情就这样解决了。

## 钢笔尖留下的纪念

窑洞生活是别有滋味的，给我留下的情思和感受也是独特的。我们住在窑洞，上课在窑洞，革命长辈工作也在窑洞。多少个扭转乾坤的决策，多少篇经典著作诞生在窑洞；多少震撼中外的消息在窑洞里编辑成文，又从窑洞印发出去，用电波传播出去。在桥儿沟东山、西山、前沟、后沟这一排排窑洞里，培养着革命的接班人。山不在高，有仙则名；水不在深，有龙则灵。人才，往往不是在宽敞明亮、设备完善的大厦里培养出来的。

在我们上课的窑洞里，老师面向洞口而立，课桌是长方的，靠洞墙两侧排列两行，中间是走道。每桌坐四人，两人一边，共用一条双人木凳，所以四人是相对而坐，两人面向老师和黑板，两人背向老师，需要看黑板的时候，便转过身去。学校发的是很粗糙的马兰纸、蘸水笔和自配的墨水。因为窑洞墙是土的，不写字的时候，我们常常把笔尖朝上、笔杆插进墙里，把墙当成笔架。四人一桌，又是一个学习小组，男女混合编。自习的时候，有时探讨，有时说笑，求学的气氛欢快而又凝重，至今令我神往。

有一天自习，不记得又是什么滑稽

1938 年延安桥儿沟鲁艺校址

的话题逗得大家直乐。我边笑边抬起右手去取插在土墙上的笔，没留神，墨水还没干的蘸水笔尖，戳进我的食指第二节，好疼啊！笔尖上的墨水渗进皮下，留下了一个小蓝点。到今天，这蓝点仍依稀可见。每当我瞥见它，脑海中就闪现出四十五年前的那个情景。教室里当时洋溢着的盎然生气，就像气功场上的“气”，任凭风吹雨打，似乎仍在我周围弥漫不散。

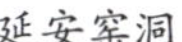
延安窑洞

### 把酱油和醋都吃光

初到班上的时候，我是班上第一“阔佬”。临来延安之前，爸爸给妈妈一块像小骨牌那么大小的金子，以备不时之需。为了购置生活用品和改善生活，妈妈就到新市场的银行，请他们从那小块金子上削下一点儿，换成边区纸币。我来学校的时候，妈妈给了我一些钱。可是我用它做什么好呢？当时根本没有什么可花钱的事情。时至1946年，在经过大生产运动之后，基本用品如牙膏、毛巾等都有了，衣服虽然一年四季只有夏、冬各一套，但大家对物质生活是那么不在意，那样知足，每当领到任何一种补充用品、衣物，都总是那样满意。

我的这笔钱财对身边的同学是公开的。我们为怎样使用它而动脑筋。终于，不记得是哪个聪明丫头想出一个好主意：大家到沟口外大路边那个小饭铺去吃白面馍。多好的主意！多么诱人的白面馍！下课后，我们便下山直奔那家饭铺。它和古装电影里穷乡僻壤的那种饭铺一样，一间简陋的小堂屋，三四张板缝裂开了的旧方桌，晃悠悠的木条凳，桌上摆着酱油、醋各一小壶。老掌柜过来招呼我们，我们异口同声地喊道：“馍，就要馍！”“好咧，馍！”白生生、热腾腾一大盘馍放在了桌子中央。

好心肠的掌柜给我们每人面前放了一个粗碗、一双筷子，还给每人碗里倒了白开水。每人拿起一个热腾腾的大馍，香喷喷地吃起来。又有人建议：把酱油倒在馒头上，开水里也倒上酱油，再加点醋，就成了高汤。于是，不一会儿，盘子空了，酱油和醋也倒光了。大家吃得心满意足。谢了老掌柜，我们欢笑着回到了后沟。就这样，总算把我那笔钱花掉了。

### 骁勇的滑泥健将

我们的“食堂”在沟底。食堂没有“堂”，只是在伙房旁边开出了百十来米的一片土平地。从我们住的窑洞到伙房，是一条沿山腰蜿蜒而下的窄路。性急的人又从山上直对着下面饭场踩出了一条陡坡道。陕北的黄土地，一到下雨就泥泞不堪，尘土飞扬的道路变得又黏又滑。女生多半胆小，一般都老老实实沿着那条曲里拐弯的“正道”去伙房。

我最怕下雨，一走一滑，越怕越滑，好像每一步都可能滚下山去。那是我到沟里以后第一次下雨，我穿一双布鞋，颤颤巍巍地沿“正道”往伙房蹭。拐过最后一道弯，眼前的景象使我呆立在那儿。我看见就在直通下面伙房的那个陡坡道上面，好多男生一手高举陶泥烧的大饭钵，一手举着边区自制的铝饭勺，欢叫着，直着身子顺陡坡道像滑雪那样呼啸而下，直达伙房。那虽然滑溜但毕竟发黏的、既不很直又不很平还很窄的陡坡，那脚蹬布鞋直冲而下的身影，构成了一幅多么壮观、精彩而又令人咋舌的景象！到现在为止，吉尼斯世界纪录也好，体坛奇观也罢，我仍认为，我们桥儿沟骁勇的滑泥健将是无与伦比的。他们创造的也是一种世界纪录，透出一股英姿勃发的朝气。

**“假小子”现象**

小时候有次在画报上看到，外国一个电影女明星为了吸引人们的注意，把自己的脑袋变成一个闪着蓝色亮光的秃头。在我的观念里，除这位标新立异的明星外，只有男人和尼姑剃光头是合乎情理的。可是，我却在桥儿沟的延安中学看到了好几个既非外国明星，又非中国尼姑的光头女孩！无论她们走在哪里，既没有人嘲笑，也没有人诧异，人们都认可了这个现象，给她们冠以“假小子”的爱称。是因为长得男孩子气？不，她们漂亮——白皙的皮肤、大眼睛、红嘴唇、青春健美的体形，只是不要头发，一推到底！有一次，我憋不住，怯生生地问其中一位：“你干吗要推光头？”她回答：“省事，凉快。”“噢……”我恍然大悟。她言之有理。解放区的女孩子不爱美吗？不，爱美之心人皆有之，只不过那时候更崇尚实际。因为摆在人们面前的课题，是用血和火去开创明天。于是，“假小子”现象便成为延安独特风气中的又一种独特现象。

四十五年过去了，从桥儿沟延安中学窑洞走出来的少男少女们，沿着各自的人生轨道，经历了酸甜苦辣不尽相同的命运。

去了的，把不屈的灵魂留在了人间；尚存的，继续着未了的神圣职责。我，也由一名延中的女学生，变成了一个六十老太。可是，请不要把我想象得老态龙钟，因为我童心犹在。透过时间留下的光华，昔日桥儿沟的幕幕情景，欢乐也好，苦难也好，今天都变成了亲切的回忆，牵动着我们美好的情思，把未来衬托得更加鲜艳。

# 绝不能让伤员落在敌人手里

文 / 薛振和

1947 年 3 月 19 日，胡宗南军队侵占延安。我军在青化砭、羊马河、蟠龙镇三战三捷之后，我们这些原来延安中学的学生从吊儿沟转移到志丹县古庄科收治伤员。

我当时是护士，我和另一个护士冯育劳、军医马五甫三个人是一个医疗小组。

志丹县山区的村子都很小，每村只有一二十户人家。我们负责李渠、窑湾、新窑湾、蔡科峁四个村总共约三四十名伤员的医疗护理工作。

那时，伤员都分别住在老乡家里，吃住由老乡负责，日常生活提倡轻伤员照顾重伤员。我们每天到各村给伤员们检查伤口、换药、打针。初进村时，我们人生地不熟，各家都有狗，叫得我们往往进不了门。后来我们给老乡打扫院子，到沟里去担水，给老乡看些小伤小病，渐渐地熟悉了，以致亲如一家人，连村子里的狗也认得我们，见了我们直摇尾巴。

一天，我们忽然收到所部发来的鸡毛信，通知我们带行李回所部。我们立刻按指示向村政府交代如何安置伤员，就抄近路翻山越岭回到了所部。

一到所部，佟指导员向我们讲了当前形势：敌人乘我主力在陇东、三边作战之机，南北夹攻，向我志丹县扑来，妄图消灭后方机关。我们现在要向东转移，赶在敌人到达青杨岔之前，通过青杨岔。

我们问："伤员怎么办？"

佟指导员说："能带走就带走，实在不能带走的就由当地政府负责隐蔽。你看你们那里的伤员怎样？"

我说："我们和那里的群众关系很好，只要发动一下群众，动员好担架、毛驴，带走伤员是没有问题的。"

佟指导员和所长商量了一下，决定由刘银贵、马五甫和我三人组成一个小组，立刻回李渠转移那儿的伤员。佟指导员给了我们一张草图，标明医院的转移方向，以便我们赶不上队伍时，行动有方向。

为了尽快转运伤员，我们还是抄近路，翻深沟、爬陡崖，到李渠已是午饭以后了。我们先向村长讲明了情况，村长立即召集老乡说明情况：由于敌情的变化，医院要向别处转移，伤员也要随同医院一块儿转移，请老乡们多帮忙。大家听了之后，立刻紧张地准备起来，一个个忙得满头大汗。他们根据具体情况分配，谁家的毛驴转运伤员，谁抬担架，谁赶毛驴，每人都在为转移伤员各自忙碌着。四个自然村住得很分散，到了全体集合出发时，已是后半晌了。

第二天早晨要到达所部，人心急，

天公却偏偏作对，没到林畔村，天就下起雨来。道路泥得不能走，驴脚打滑，人脚直溜。我们勉强走到林畔村，雨越来越大了，不得不避避雨。老乡说："这种天气，你们走不成，下不了山，就是下了山也过不了河。因为河里涨水，会把你们连人带牲口都冲走的。"没法子，我们只好先住下了，但是我们真是心急如焚，还好，半夜以后，雨渐渐地停了。天刚亮，我们就启程了。

当我们到达古庄科时，已是红日东升，人们开始做饭了。

村里这时冷冷清清的，我们打听了一下情况，才知道医院昨晚就转移了。我们没敢停脚，顺着老乡指的路上了窑脑，只见满山崖都是新踩的脚印，地好像新耕过的一般。好在都是熟路，我们就顺着去镰刀湾的路走。走到中午，人和牲口都饿了，我们就在路边的村子里做饭、喂牲口。吃了饭没敢休息，又上路了。

为了尽快赶上部队，我们马不停蹄地翻沟过河。当走到一座山时，天渐渐黑了下来。军医马五甫带着毛驴队在前面走，我和刘银贵与民工互相换着抬担架。"风是雨的头"，陕北的天气，有乌云就有暴雨。一时间乌云满天，狂风大作，雷电交加，铜钱大的雨点下个不停。霎时间天黑得伸手不见五指，道路就更看不清了。毛驴走得快，已经下山了，我们抬的担架怎么也赶不上。我们五六个人抬的担架上躺着打蟠龙负伤的张炳才同志。他左大腿骨折，用石膏固定着。只露几根脚趾，右大腿也有三分之一用石膏固定着，全身能活动的地方很少。

狂风卷着暴雨在不停地下着，雷声轰鸣，水在地上流着。我们再也无法向前走了，只好把担架移到山顶上，几个人蜷曲着身子，守候在伤员身边，忍受着暴风雨的冲洗。

张炳才同志看见大家没遮没挡地被雨淋成那个样子，就说："咱们不能都守在山头上挨冻。你们能动的先走吧，到村子里去，把我留在山头，反正我是动不了，你们明天再来接我。"

我们说："那怎么行？怎能把你一个

人留在山上，要冷大家都冷，决不能把你一个人留在山上。”

张炳才同志说：“咱们明天还要上路哩！如果弄得都病了，就都走不成了。我反正是动不了，我看还是你们先下山吧！我不害怕。”

老乡讲：“你是为了保卫陕甘宁而负伤的，我们怎能把你一个伤员留在山上？再说你又动不了，来个狼你也没办法。”

就这样你一言我一语地争论不休，经过仔细考虑之后，我说：“我看你们几个人找村子去吧！我和张炳才留在山上，有我在，保证伤员安全。”

又经过一番争议，最后决定刘银贵带三个老乡找村子去，我和张炳才留在山顶上。他们走之前，为了防止山洪把我们冲走，就把担架抬到一棵小树下，借着闪电的光亮，他们摸着下山了。

电闪雷鸣，雨紧一阵缓一阵地下着，风也凑兴，不停地刮着。张炳才盖的被子因有坑凹而积水，我用抬担架的扁担从中间支了个高点，雨水顺着被子向四周流下去。伤员是遮住了，但是我自己却没有地方躲，只好蹲在担架旁边，任凭风吹雨打。时间长了，全身都湿透了，寒风一吹，直打冷战，上下牙也不由自主磕个不停。我想，站起来伸伸腰兴许好些，于是我站了起来。谁知山高风大，全身一个劲儿地哆嗦，身体像扭麻花一样扭转，自己想控制也控制不住。看来还得蹲下去，那样受风面较小。我又检查了张炳才的被角四周是否严实，问他感觉怎么样。他说：“振和，你还是下山找村子去吧！我终归是走不动，就在这将就一夜吧。你穿单衣服，在这山顶上又是风又是雨的受不了。我一个人在这儿行，咱们都是当兵的，怕啥？”

我听了这话，心想再苦也不能把伤员一个人扔下。我说：“不行！有我就有你，说啥我也和你在一起，再冷我也能受得了。”就这样，我们一起坚持着。到了后半夜，雨渐渐地停了，但是新雨后，天气也格外冷。我们看到远处山村的灯光。我想：我们与其在山头上挨冻，不如找村子去。我对张炳才说了我的想法，并说：“我背着你，咱们奔有灯光的地方去，那儿可能就是咱们伤员住的地方，虽然远，总是可以走到的。”张炳才说：“那怎么行！你怎能背得起我呢？况且，我自己除了两只手以外，别的地方一点也不能动。”

我说：“咱们试试，只要你的手搂住我的脖子，就好办了。”

他终于同意了。就这样，我硬是把他直挺挺地扶了起来，背在背上。他搂住我，试了试，还可以。

走着走着，我突然感觉一脚踩空，“咚”的一声，掉下了土崖，我的头插到松软的泥土里了，但是张炳才仍然趴在我的背上，我俩都是头朝下脚朝上了。

张炳才用手扒土，让我的头露出来。我使劲转着头，把头从土里拔出来后，慢慢地从他的身下爬出来，扶正了他，让他靠在崖边。幸好，张炳才没受什么伤，我也仅仅是前额和嘴唇碰破了。张炳才说：“再不能向下走了，这一次还好，掉下来是土崖，再向下走就可能是石崖了，那样就更危险了。”

于是我们决定往回走。我又背着他，顺着崖边慢慢地向山顶上爬去。我们走走歇歇，终于找到了我们放担架的地方，在寒冷中静静地等待着天明。

拂晓来临，太阳在东方冒头，我们

高兴极了。这时刘银贵也带着抬担架的老乡们上山来了。我们抬着伤员向村里走去，进村后，老乡们听说雷雨天我们在山上过了一夜，赶紧烧火，给我们烘干衣服和被褥。吃了饭，我们又上路了。

晚上到了镰刀湾，这是坐落在延川的一个镇子。我们在这里休息了一夜，次日天一亮就又走。到双山子吃过了饭，便顺着去青杨岔的大路，向东北方向行进。

正当我们在山顶上朝前走时，迎面碰见几个老乡。他们告诉我们前边有敌人，叫我们不要往东走了。我们顺着老乡指的方向看去，果然黄黄的一片在蠕动着（当时胡宗南部穿的是黄军服）。我们肯定了那就是敌人，决定调转方向，改为朝后走并加快了步伐，尽最大努力摆脱敌人，决不能让伤员落在敌人手里。

事情偏不随人愿，当我们刚翻过几个山头，刘银贵突然病了。他恶寒战栗又发高热，疟疾病犯了。怎么办？不走吧，我们还在敌人的眼皮底下；走吧，他发烧 41℃，也确实困难。我扶着刘银贵在后边慢慢走，他全身热得像一团火，不住地颤抖，但脚还是不停地向前走。看着他那艰难的样子，我决定在山坡上坐下来休息片刻。刚坐下，他就身不由己地躺下了。躺了片刻，他站起身来说：“咱们走吧，前面还有伤员呢。”我们一边走，刘银贵一边在他的衣袋里摸着，终于找到了两颗吃剩下的奎宁，把它们放在口里咽了下去……

我们走下山时，前边的伤员已经在路边的林子里休息了。

我们和村长谈了一下情况，估计这个村子距离敌人有二十多里路。为了伤员安全，村里已经派人到山下放哨，我们在村口瞭望。

我们还和村长查看了退路，让伤员和衣而睡，以备不测。幸好，这一晚没发生什么事。天还没亮，老乡们说已经给我们做好饭，村长还派了领路人。吃完饭后，太阳也出来了，我们这支伤员队伍又出发了。

这几天的经历，使我们感到陕北老区人民真好！他们把窑洞让给我们住，拿出粮食给我们做饭，给伤病员拉毛驴、抬担架、带路、通知情况，真是无话不说，无事不做，使我们这支伤员队伍在敌人的眼皮底下畅行无阻。革命的胜利，与人民的支持和帮助是分不开的。

就这样，我们和离我们不远的敌人周旋着，有时能听到枪炮声，有时静悄悄的，什么动静也没有。有一天，我们来到一个叫巡检寺的地方。正做午饭时，我们忽然看见后沟里有四五个身穿灰军装的人骑马飞驰而来，他们见我们三十多个人在一个院子里吃饭，便冲我们而来，一齐下了马。为首的一位同志问：“你们是哪部分的？”

我说：“我们是第一后方医院的，带着三十多名伤病员转移，途中遇上了敌人，现在正不知该上哪儿去呢。”

他说：“我们是总部的，敌人已经过去了。我们去追第一后方医院，他们向吴旗方向去了。”

我们告诉他：“前两天我们还和第一后方医院在一块儿住了一夜，后来他们走了，我们没赶上。”我们又问：“我们该怎么办？”他给我们写了一张纸条，叫我们先到乌龙堡去找叶参谋长，说他会告诉我们到哪儿去找第四后方医院。我们让他们吃饭，他们说：“不了，还有急事呢！”于是他们又上马顺大路向西

陕北风景

急驰而去。

吃完饭，我们转而向东走，大约走了两三天的路程，来到一个半山坡的村子。那里有许多军人，还有哨兵。他们问我们是哪部分的，干什么的，到哪儿去。我们说，我们是第一后方医院的，到乌龙堡找叶参谋长。他们又盘问我们怎样知道的，有什么证明没有。我便把那张纸条拿出来给他们看了，他们这才给我们安排了住处，说他们可以替我们先联系一下，后来又叫我们明天去见叶参谋长。我想，这张纸条可真重要！

第二天，我、刘银贵、马五甫三个人被带到一个山窝的林子里，那里有一个由三孔窑洞组成的小院子，里面安静得很。带我们的同志给院里的一名军人说了几句话，那人进窑去，不多一会儿就出来叫我们三个人进去。我们进到窑里，只见在一个临时用木板搭成的长桌旁边，站着一个穿灰单服的人，他背后的墙上挂满了军用地图。我们向他行了个军礼，说我们要找叶参谋长，并把那张纸条拿出来给他看。他说，他就是叶参谋长，有什么事可以向他讲。我们向叶参谋长报告了我们的情况。叶参谋长让我们先在这儿住下，等联系好了再回医院去。这时有电话来，他接完电话后拿了两个小红旗，走到地图前，插在一处，看来电话是报告军情的。我们见首长有事，便告辞了。他送我们到门口，我们一同向他行军礼告别。

我们被安置在乌龙堡前边山脚下小河旁的一个村子里，并在那儿过了端午节。端午节那天，叶参谋长还特意派人为伤员送来了一只羊和一些白布。我们在战争中还过了个丰盛的端午节。

在这儿停留期间，我们还看到了毛主席、周副主席，他们都是我们在延安时多次见过的。我们这才知道这个小山窝，原来住的就是中共中央和解放军总部。前些日子，敌人刚从这里经过呢！蒋胡军队日夜寻找着我们的总部，我们的总部就在他们旁边，他们却有眼看不见。我们的总部、毛主席、党中央，有着陕北人民真心实意地保护，敌人只能是睁眼瞎。敌人在人民的汪洋大海里，只能四处碰壁，而我们对他们的行动却了如指掌。

过了端午节，我们接到通知，叫我们到马蹄沟找西北联防司令部王司令员，那里会进一步准确地告诉我们医院所在地。因为我们从志丹县出发时，送我们的毛驴和担架已经返回家乡去了，我们又重新动员毛驴和担架上路。

由于休息了许多日子，我们每个人都铆足了劲儿，急于回部队的心情也更急迫了。担架和毛驴转运伤员的方法也改为一程一程向前送，再加上有的伤员的伤情因长途跋涉恶化了，要坐担架。凡此种种，都要求我们加快步伐，尽早回到医院让伤员能够得到及时的治疗。

我们沿着大理河，顺着大路向前走。每天早起晚睡，最多一天走一百二十里。伤员同志不论伤轻伤重，谁也没有说过什么话，大家一个心思想早日摆脱敌人的包围，回到医院去。

现在一些人伤情重了，特别是刘国清和张排长，他们都伤在脚上，而且都有骨折，长时间骑毛驴，脚肿得老大，伤口直流脓，那时又没有抗生素，疼得要命。伤员的痛苦使我们心里着急，老乡也不忍心。为加快行程，我们轮换着抬上伤员飞也似的向前跑，空手的人还赶不上抬担架的。

经过三天的行军，我们到了马蹄沟，这儿是子洲县政府所在地，西北联防司令部也驻扎在这儿。到了联防司令部，王维舟司令员看了我们的介绍信，用电话问好第四后方医院的确切位置在清水沟。我们又返回五里路，终于到医院了。

所里的佟宝山指导员、宁汉戈所长、杜亚非副所长和全所同志迎接了我们。他们向我们和全体伤员表达问候，并立刻把伤员安置到病房。我们向领导汇报了沿途情况。所里、院里对我们能在敌人包围下把伤员带回来，给予很高的评价。

我们受到表扬，立了功，《解放日报》记者戈壁舟还专程来访问。但是我们深深感到，没有陕北人民，没有各位领导给我们及时指明方向，我们要完成任务是不可能的，成绩应归功于党和人民。

# 回忆我的父亲李家谟

口述／李宗毓　整理／李三乔

家父李家谟，学名李正鸣，在解放战争期间曾化名彭敬斋，群众亲切地称他“彭胡子”。他生于1907年8月，系沙洋县曾集镇雷都村人。其父李炳炎是晚清秀才，曾参加过辛亥革命，任随军记者。1923年，家父考入龙泉中学，在学校，他初步受到马列主义革命思想的教育。毕业后回到雷都庙，曾开过小杂货铺，后在家办私塾。

1937年抗日战争全面爆发。1940年6月，日本侵略军渡过襄河侵占荆门，对荆门城乡实行“三光政策”，老百姓在日军的铁蹄下挣扎。具有强烈民族感和爱国思想的家父解散私塾，聚集八十余人、三十余支枪揭竿而起，抗日保家乡。当时，担任过国民党区长的龙剑平是家父长兄李立亭的学生。为了争取龙剑平的部队，我党动员他的部队与家父合并，于是龙剑平、姚志惟、家父李家谟等组成大队，下辖四个中队计三百余人，龙剑平为大队长，姚志惟为秘书长，家父为手枪队队长。我党派地下党员杨震东和当阳县委书记王建桥、组织部部长王全国到龙剑平部作争取工作，得到拥护。1940年9月，龙剑平部与毛凯领导的新四军部队会合后，成立新四军襄西独立团。由于家父思想进步，作战英勇，经王全国、李守宪介绍，在一间牛棚里，家父宣誓加入中国共产党。从此，家父在党的领导下，走上了革命的道路。

当时局面未完全打开，抗日民主政权尚未建立，我军又需要大批人员和物资。家父在1940年年底以独立团军需参谋的身份开展动员新兵、筹集粮款的工作。仅两个月时间，他动员的新兵就有百余人。当地人说：“我们这一带青年都被李家谟的宣传歌给唱去了。”家父动员自己的多名亲属参军或参加革命，其中有其长兄李立亭，侄儿李宗伟、李宗纪，侄婿陈文寿，还有我和弟弟李宗棉，其中有五位亲人为荆门解放事业献出了宝贵的生命。

1941年初，家父任中共路东区区委书记兼办事处主任。他常常带领游击队袭击日伪据点，破坏敌人交通，阻止伪军建立据点，使荆沙线上的敌人胆战心惊。同年3月，家父带领区中队配合基干民兵包围了敌人驻地东刘湾，突然袭击并活捉日伪中队李宗棠等十余人，缴获长枪四支、手枪两支以及战马等军需物资。5月，敌派奸细罗永林、谢泽香等将襄西行委员会主席龙剑平的爱人抓走。为了尽快除掉这伙汉奸，家父责令五里铺党支部书记刘光吉执行除奸任务。刘光吉带领游击队在一天晚上将三个汉奸抓获并镇压，极大震慑了荆南的汉奸。

1942年春节前后，家父带一个班驻扎在龙家榨屋。因奸细告密，敌人清晨偷袭，家父在撤出屋后，正遇敌头目，双方同时举枪射击，敌人打穿了家父的衣袖，家父将敌击毙，其余喽啰全部逃窜。

国民党荆门“反共”游击司令刘黎辉曾派其妹夫、副官杜世昌（家父的内弟）来劝降。家父义正词严地说：“人各有志，你当你国民党的官，我干我共产党的事，不管怎么说，也改变不了我的信念。”刘黎辉见软的不行，就来硬的。1940年至1942年，日、伪、顽先后抢劫我家七次。1942年春，敌人从麻城雷集抓了农民庹士海，因他知道我家在雷都庙，于是敌人逼着他引路。庹士海故意领着敌人绕道，走了整整一晚上还未到。天亮后，群众发现了就给我家送信。敌人没有抓着我家的人，便恼羞成怒，将庹士海枪杀在我家堂屋，并放火烧房焚尸。

1942年5月，我的祖母去世。敌人利用家父为祖母送葬的机会，围追堵截他。时值插秧季节，插秧的群众发现敌人追击家父，就从秧田上来四处奔跑，迫使敌人失去追击目标，让家父得以脱险。同年10月，家父随荆（门）当（阳）钟（祥）中心县委书记宁玉庭带一个排到荆南、当阳检查工作。宁玉庭在一次战斗中不幸牺牲，部队处于四面受敌的险境。为了让部队脱离险情，家父只身将敌人引向自己，且战且撤，被逼至一河塘边。危急中，他急中生智，跳入水中，用岸边丛生的柳树根须作隐蔽。敌人一直搜到天黑才收兵，家父再次躲过一劫。

宣传图

1944年1月，日军纠集四千人对荆南路东地区进行大规模“扫荡”，路东仅留下群众基础好的家父与刘光直在那里坚持工作。白天，家父等发动基干民兵分散隐蔽侦察敌情，夜晚集中力量袭击敌人，迫使日军将柴集、枣店等据点撤销。

1943年至1944年，家父在频繁的战斗期间，还亲手开办了各种训练班共计六期培训二百余人，为革命培养骨干。他们积极响应大生产运动，组织军政人员开荒种地，粮食自给，曾受到鄂豫边区党委登报表扬。荆南抗日根据地得到巩固。

抗战胜利后，国民党蒋介石发动内战。1946年初，国民党第六绥靖区司令周岩派三个旅进驻襄西，一时间，襄西地区陷入“白色恐怖”之中。中共襄西中心县委行委和指挥部相继撤出，留王展、家父李家谟等三十余人在荆南做收尾工作。经过艰苦的努力，王展和家父顺利完成了任务，并于年底撤往襄东。

1946年7月，家父随江汉支队重返

襄西，接到江汉军区电报指示，就地坚持游击战争，创建革命根据地，于是荆南形势又有了转机。9月荆门县工委成立后，家父担任县办事处主任。家父与毕明带两个班在荆南路东、路西一带打游击，时东时西，来回袭击敌人，拖得敌人筋疲力尽。同年11月，许猛带一个排和手枪队共五十余人，到荆南加强力量。经过一年斗争，粉碎了敌人“十家连坐”和“反复清剿”的阴谋。敌人无奈，就用“重赏”办法，叫嚣“谁捉住或击毙李家谟，赏大洋五千（元）”。但是，家父领导的武装力量与人民群众有着血肉联系，在人民群众的保护和支持下，家父始终活跃在荆南。

1946年12月，家父调任北山工委书记，领导军民战斗在北山地区。1948年3月任中共北山区委书记，11月调任荆南县县长。1949年8月荆门解放后，家父调任荆门县第一任公安局局长，做了大量工作。不久家父又调荆州地区公安处，负责侦讯政保工作。1952年，家父上调省公安厅，1956年任省公安厅行政处副处长。1960年，家父任沙洋农管局副局长。1968年7月，家父逝世。

家父的一生，是追求真理、救国救民、忠于党、忠于革命、忠于人民的一生，是鞠躬尽瘁、英勇奋斗的一生。他是荆门革命的重要组织者、领导者之一，为荆门的解放事业作出了重大贡献。他在荆门人民的心中留下了深刻的记忆。

（文章选自《荆门晚报》）

# 琼崖纵队的优秀战士

## ——记父亲王学文、母亲黄玉梅

文/王 雄

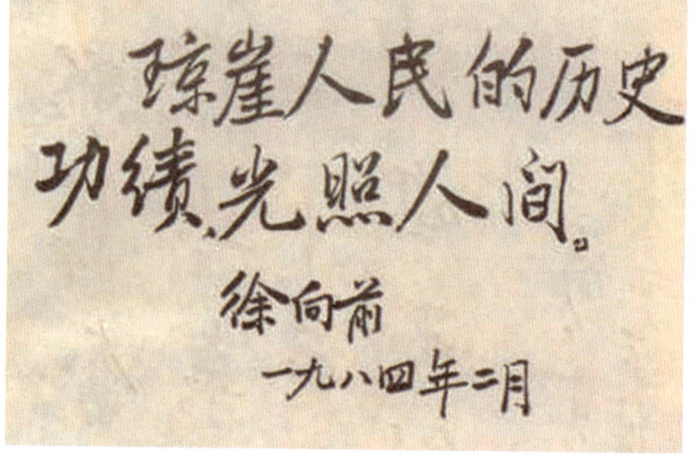


我的父母亲是一对从抗战烽火中走出的革命伴侣，他们各自有着不同寻常的经历，我的童年是在这些经历的讲述中度过的。

1939年，日本帝国主义的铁蹄践踏琼崖，到处烧杀抢掠，给海南人民带来深重的灾难，激起琼崖人民强烈的反抗。这一年，我爷爷被日军残忍地剖腹致死，年幼的父亲强忍悲痛，掩埋好他父亲的尸体，便跟随他哥哥王学华（已参加琼崖独立纵队）到部队参加革命。他刚到部队时，给当时任独立大队政治部主任的王业熹当勤务兵，后又任庄田副总队长的传令兵和警卫员。在战争年代，父亲参加过许多战斗，逐渐成长为一名优秀的琼纵战士。

父亲曾经谈起过几次难忘的战斗和艰苦的岁月。

一次是在1942年，他跟随纵队副总队长庄田同志到万宁六连岭三支队驻地，开展巩固和扩大革命根据地的

琼崖纵队女战士

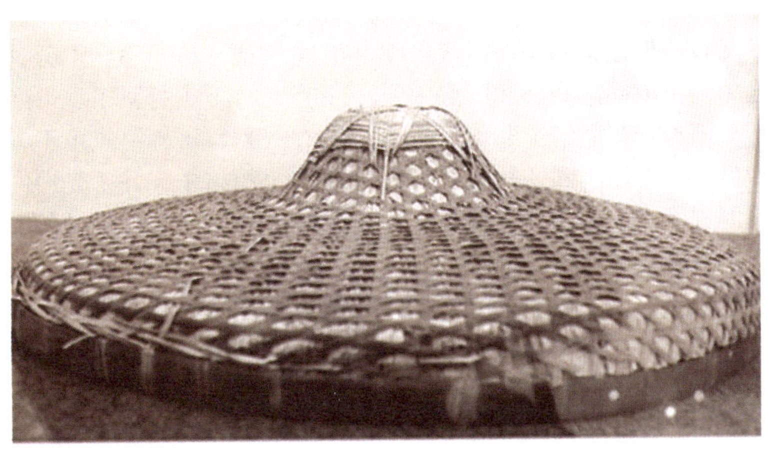

琼崖红军使用过的斗笠

琼崖纵队使用过的武器

工作。他们翻山越岭赶往目的地，却由于汉奸的出卖，途中遭到敌人伏击。当时父亲凭着战争中历练的机敏顽强，与战士们乘敌人未形成包围时，瞅准空隙，一阵猛打猛冲突围出来。在这次战斗中，父亲腿部中弹负了重伤，从此留下隐疾。

另一次是1946年，一次他和十几位警卫员护送纵队副司令员庄田同志到琼中乌石地区，指挥二支队粉碎敌人对白沙革命根据地的“围剿”，途中遭到敌人的伏击。这次敌人人数众多，火力很猛，好些同志牺牲了，剩下的同志则勇敢突围。在突围中，有些同志失散了，只剩下父亲掩护庄田同志冲出伏击圈。在激战中，庄田同志胸部和腿部中弹，行走十分困难。当时情况非常危急，父亲急中生智，迅速找到一处隐蔽的草丛将庄田同志推入，用杂草树枝掩藏起来。而父亲孤身一人，边鸣枪吸引敌人，边向另一个方向跑去以引开敌人，使庄田同志脱险。敌人离开后，他返回草丛，背起负伤的庄田同志，一路艰难地走到琼中乌石。在乌石，庄田同志在二支队边治疗边指挥战斗，完成粉碎“围剿”的任务。

因工作需要，父亲后来被调去报务部门。在部队中，不论是当勤务警卫战士还是当报务员，父亲都英勇奋战、埋头苦干。在学习报务工作时，环境艰苦，缺少纸笔，父亲就在地上用树枝苦练报文和译码，用顽强的毅力赢得了报务的好成绩，成为优秀报务员，为琼纵与党中央通过无线电保持联络，在全国一盘棋的革命战争中，立下功劳。

我母亲黄玉梅，也是琼崖纵队革命战士，我曾经听她述说过许多战斗故事。

母亲在当炊事班长时，不但一贯吃苦在前，而且英勇顽强。白天行军作战，夜晚为战士做饭。在捏饭团时，因米饭热，母亲双手被烫得红肿，也从不吭一声。母亲自豪地说，在部队里，最辛苦的是琼纵的女兵。

1943年6月，她所在的一支队三大队得到消息，有一辆运送给养的日军卡车要途经文城至文教一带。于是，队伍在文城与文教一带设下埋伏。在设伏点，战士们忍饥挨饿地静静等待。当日军军车进入伏击圈后，随着指挥员的一声号令，枪声四起，号声、喊声威震四方，战斗进行不到十分钟，就将日军和军车一下子打趴了。母亲说那次战斗非常激烈，可她一点也不害怕，举枪向敌人奋勇射击，并率先冲向军车。这时负隅顽抗的日军击中她的肘部，鲜血直流，但她顾不得枪伤，依然坚持战斗，最后把顽抗的日军都消灭了。这一仗，他们缴获了日军的步枪和布匹，有力地支援了部队。

抗日战争期间，母亲在执行各项任务时，多次与日军发生遭遇战，好几次她身边的战友都倒下牺牲了，但她却凭着勇敢和机智，一次次化险为夷，顺利地完成了任务。她印象最为深刻的经历，是1946年国民党四十六军大规模“围剿”革命根据地。与敌人相比，琼纵当时的力量远不及四十六军，两军军力对比悬殊。在此艰难危急的时刻，为了保持革命力量，纵队决定将司令部化整为零，分散隐蔽，坚持斗争。母亲当时在纵队报社工作，她随报社转移到琼山新马一带海边的红树林中隐伏。

在新马海边，白天，大家藏身于红树林中；晚上，划小木船到村里寻些水和食品，同时将印好的文件、文稿送到各个交通点。每晚，当木船划到村边时，为防止敌人发现，同志们便将船掩在岸边草丛里，然后匍匐进村。当时分散坚持斗争的环境十分恶劣，敌人封锁紧时，十天半月都无法进村，只能摘野果、挖野菜充饥，渴了甚至只能喝自己的尿。如果有人病倒，也只能是硬撑，靠自己的体力和意志力来战胜病魔。在敌人的严密围捕中，几位躲藏在海滩上的同志，被敌人发现后用刺刀活活刺死。有一次，母亲和几位同志出来活动时，不幸被敌人捉住，送往琼山监狱关押。在狱中，他们坚持斗争，死都不吐露自己队伍的踪迹。有一天，母亲和被关押的琼纵战士乘敌人看守松懈，用发夹和头簪挖松并拆卸了监狱的墙砖，寻机逃了出来。脱离危险后，他们又回到自己的部队，母亲与战士们坚定的革命信念和英勇的行为受到部队的表彰。

在烽火连天的战争年代，我的父母亲不怕牺牲，英勇战斗，为民族独立和解放事业奉献了自己的青春和热血，他们不愧为琼崖纵队优秀战士。

海南解放后，父亲和母亲在各自的岗位上一如既往地吃苦耐劳、两袖清风，贡献自己的光和热。不论在什么年代、什么样的环境下，他们都是祖国建设的优秀儿女。

# 我的父亲张权将军

文 / 张伯森

张权（1899—1949 年），河北武强县人，保定陆军军官学校第八期毕业。全国解放战争时期，任国民党军后勤总部中将视察员，军需补给检查团团长，并以此为掩护，为共产党搜集作战情报。1949 年初将国民党长江防线布防情况绘图送交中国人民解放军，为解放军实施渡江战役作出了重要贡献。1949 年上海解放前夕，策动国民党军起义，被中共上海党组织任命为上海市中心区城北起义军指挥官。上海解放后，上海市人民政府授予其革命烈士称号。

张　权

父亲是中共上海地下组织的干部，负责策反上海守军，准备在 1949 年 5 月 16 日上午 10 时举行武装起义，里应外合迎接解放军进城，同时活捉正在上海督战的蒋介石父子，解放大上海。孰料，在举行起义的前一天被人供出而被捕。5 月 21 日下午 6 时，敌人在南京路大新公司以银圆贩子的罪名公开杀害父亲。父亲临刑时，拼命高呼“中国人民解放事业万岁”“中国共产党万岁”，之后英勇就义。父亲的壮烈牺牲，天可歌，地可泣，将永远激励我们为振兴中华而奋斗。

父亲于 1899 年 9 月 13 日生于河北省武强县张家庄一贫穷农民家中，十四岁考入保定省立第七中学，在校期间目睹中国被帝国主义列强瓜分，深痛国家多难，决心走军事救国之路。中学毕业后毅然考入陆军第一预备学校，继又考入保定军校炮科第八期，成绩斐然，不待毕业，就以优秀学生被保送到日本士官学校炮科第十三期深造。1922 年以优异成绩毕业回国，开始了他一生的军人生涯。

1937 年，抗日战争全面爆发，父亲奉命前往河南到程潜的第一战区，担任少将警备副司令，后又被任命为少将游击司令。部队经常化整为零，日夜和日军周旋。1938 年父亲奉命利用盟国的援助相继建成了八个机械化炮兵团，各团按师编制，团长均为少将级。各团分布在全国各战区对日作战，继而又成立战车防御炮教导总队，父亲为中将总队长统率各炮兵团，直接指挥各团抗日，因此他被称为“中国机械化反装甲兵种的创始人”。父亲擅长英、日文，治军严谨，是具有高深军事理论并掌握丰富实战经验的高级将领。在闻名中外的滇缅会战腊戌战役中，父亲所辖的战车防御炮总队配合陆军作战，一天之内击毁日军坦克四十余辆，使敌人闻风丧胆。

抗战时期，父亲部队的总部驻扎在四川璧山，离重庆周公馆中共南方局很近。周公馆是周恩来、董必武、叶剑英办公的地方。南方局深知父亲长期以来一直倾向中共，周恩来同志就通过张治中将军将 1924 年入团、1925 年入党的老共产党员王亚文介绍给父亲。通过王亚文的安排，父亲常受到周恩来、董必武同志的邀请。父亲对周恩来同志非常尊敬和钦佩，常听他们讲形势，讲革命……父亲也坦诚地讲自己如何用兵抗日以及敬佩共产党的思想。父亲曾对王老伯说：“北伐时我曾以师事祖涵公林伯渠。现在，周、董二位对我的指点使我受益匪浅，我愿和他们常谈心。”王亚文曾回忆说：“那时安排恩来同志和你父亲见面也很不容易，常被特务盯梢监视。有次约见就被临时取消，另一次临时改在小汽车内，边开边谈。”他还告诉过我，曾带父亲从江边周公馆密洞暗道中进入南方局，此道至今还在。

沙文汉

父亲和王相处日益亲密，也读了不少马列著作，思想觉悟不断提高，认为中国非实行马列主义不可。父亲曾对董必武同志说：“救国要靠共产党，做人要做共产党那样的人，抗日就要跟着共产党走。”不久，父亲就向党组织提出入党请求。经南方局周恩来、董必武等领导研究，认为“张权不入党起的作用更大，对工作更加有利”，并要王亚文向父亲做好解释工作并以党组织的名义正式通知父亲：“共产党组织是了解你的，希望你在军队中发挥更大的作用。”多年来，父亲一直坚守在抗日第一线，因成绩卓著被誉为“抗日名将”。

眼见蒋介石在逐步发动内战，国共两党关系几近破裂，父亲内心十分痛苦。父亲曾向王亚文说出心中的不满：“蒋介石是不到黄河心不死，内战他是一定要打到底的，垮也是一定垮到底的。”

1947 年 3 月，上海局宣传部部长沙文汉按照董必武的意见找到王亚文并代表上海局及陈毅和刘伯承同志任命王亚文负责上海国民党海、陆、空

围城准备发起进攻的解放军

军的策反工作。父亲一方面接受策动国民党部队起义的任务，一方面收集国民党的军事情报。中华人民共和国成立后，王亚文对我回忆说：“周恩来同志曾说过，‘我们一直把张权将军当作我党的干部来使用’”。

当时徐州地区战云密布，淮海战役即将爆发，我前敌指挥部急需前线情报。父亲立即答应党组织的要求，设法尽快以公谊私交关系，前往济南、徐州、南京及沿线视察，收集沿线的兵力部署、武器、车辆、粮食等情况。父亲还深入重兵把守的最高参谋本部地下保密室设法领出绝密的“参谋本部作战地图”，到江阴要塞对司令戴戎光和五十一团团长刘仲泉做工作，劝说他们弃暗投明，配合我军作战。回来后，父亲立刻将情报及作战图纸交王亚文、陈约珥同志迅速转送我前敌指挥部，对淮海战役起到很好作用。

渡江战役前夕，父亲再次接受党组织委托前往江防视察，仔细视察一个个壁垒森严的阵地、工事、前沿哨所，一个个班、排、连、营地，对武器的种类、数量、方位都做详细的记录分析。回上海后，父亲到王亚文家与王和王妻张瑞元三人花了三天三夜时间将沿途所记、所画的无数小纸片一一铺在地上，再精心绘制出一张巨大的“长江沿线布防图”，并将这份极为珍贵的图纸迅速交给我前敌指挥部，最后解放军以此图为参考指挥作战，顺利渡过号称天险的长江。父亲为渡江战役的胜利立下大功，作出不可磨灭的贡献。

上海是国民党统治的经济发达地区。蒋介石集中二十余万精锐军队及大量军警特务，构筑最坚固的防御工事负隅顽抗，并命令汤恩伯、毛森死守上海。父亲他们就在这恶劣的环境下，加紧策反工作，配合解放军解放上海。

父亲早已对涌进上海的众多旧友部属、门生等有选择地逐个劝他们认清形势站到人民这边来为共产党工作。起义计划是：浦东的三二〇师师长方懋楷在解放军攻其阵地时就竖起白旗，让解放军长驱直入市区；刘仲泉炮兵五十一团向藻浜、张华浜打出去，让解放军顺利入城；驻市区的钟勉的机械化炮团、五十一军王秉钺部和王挽危一八二师及时响应配合出击；李锡祜虽已赋闲，在上海解放前一个多月才来上海，驻在江湾的一三二师中有他的旧部下，说服他能率其旧部下起义；父亲好友李舰长的军舰在吴淞口炸沉，使国民党军舰驶不出去；郑振华控制、封锁机场；父亲率精兵攻打京沪杭警备司令部，然后配合解放军围攻复兴岛，活捉蒋介石父子。

进入上海市区的人民解放军骑兵部队

父亲为策反所做的工作受到党组织的高度赞扬。沙文汉同志称赞道：“张权是一个顶好的参谋长，能干、有办法，要好好发挥他的作用。”

起义计划通过军委地下电台报请前敌指挥部陈毅、刘伯承同志批准，由沙文汉宣布父亲为司令，王亚文为政委，郑振华为副政委兼政治部主任，不设副司令。5月16日上午10时起义，司令部设在吉祥路121号。不幸在起义的前一天，父亲被人供出而被捕，这一场伟大的历史壮举功败垂成，令人扼腕叹息。

父亲自从决心跟着共产党推翻国民党的反动统治以来，每日都在从事着危险的地下工作，早就作好了充分的思想准备，时刻准备面对突然降临的死亡威胁。因此他能在刑庭上镇定自如，毫不畏惧地用自己的铁肩承担了最大的牺牲。敌人费尽心机也未能从父亲口中得到半句口供。

父亲的一生追求光明，摒弃黑暗，有个性、有理想、有抱负、有追求，是一个愿做中流砥柱，决不随波逐流的革命者。每当国家面临危难，他从不躲避，总是迎头而上。他对国民党的腐败深恶痛绝，直到与这一政权决裂，最后以赤子之心为真理贡献出宝贵的生命。

父亲一生廉洁质朴，从不追求个人享受。在旧社会，他虽然为官多年，但一生清贫。为工作需要，党的地下组织曾给他一本支票簿，遇害后经查实，竟分文不动。每次用钱都用母亲的私房钱解决。

中共上海市委对张权的一生给予了高度评价：“张权虽非中共党员，但在思想、行动、工作、作风上都与共产党靠近。烈士对于蒋匪帮反革命的血腥统治具有深切的仇恨，对中国人民胜利则抱充分信心，在共产党领导下瓦解匪军士气，迎接上海解放，都有相当功绩。”

1949年8月24日中共上海市委决定授予父亲革命烈士称号。

1982年3月父亲又被推荐为著名革命烈士。

# 抗日英雄黄立荣 让日军的机枪变哑巴

文／高国庆

红色记忆

黄立荣1918年5月出生于河北省交河县（现泊头镇辖区）黄官屯村，在家边劳动边练武功，还用土造撅枪打兔子练就一手好枪法。1938年日军在交河县富镇设了据点，隔三岔五到周围村庄烧杀抢掠。黄立荣立志抗日救亡打日本。正巧冀中军区第八军分区派老红军战士宋云波到黄官屯一带动员群众组织抗日队伍，他找到黄立荣，说："你的情况和要求，地下党组织已经告诉我了。县委决定由你在第六区组成离土不离乡的游击小队。"黄立荣兴奋不已，找到表姐夫秦润芳，拉起了拥有一支撅枪、一支汉阳造步枪的十七个人组成的游击小队，黄立荣任队长。

这天晚上，游击小队出动了。他们在交富公路上袭击了三个巡路的伪军，当场打死一个，另外两个趁夜色逃脱。游击小队缴获了一支三八大杆枪和二十多发子弹，大家高高兴兴地唱着《游击队之歌》返回驻地。

当年年底，黄立荣调到第五区，负责组建第五区游击小队。他扩招人马，组织训练，很快就把区小队建了起来。可是，小队里只有四五支短枪，没有长枪，怎么办？驻地附近的红寺是个集市贸易点，日军、伪军带着长枪、子弹，三三两两常来赶集，对老百姓进行敲诈勒索。他想：这不是缴获武器的好机会吗？

隔天，正逢红寺大集，黄立荣和几名游击战士出发了。他们全部是庄户人家打扮，手里还拎着准备在集上出售的老母鸡、鲜鲤鱼什么的。将近中午，一胖一瘦两个伪军背着枪，到集市上捞“外快”。他们一眼就瞅上黄立荣手中拎着的老母鸡，上前要抢。说时迟，那时快，黄立荣掏出手枪：“别动，让它慰劳慰劳你们！”

两个伪军吓傻了：“你是……”

“我是八路军游击队！”

这两个家伙刚想掏枪，游击队员的手枪早已顶在了他们的后腰眼上。这样，没费一枪一弹，游击小队收缴了两支长枪。以后，在集市上，他们连连得手，用长枪装备了两个班。

1939年1月，黄立荣成为一名中国共产党党员。在第五区的日子里，黄立荣经常率领游击小队出击，由对付一两个伪军到对付上百个日军由零散游击到集中兵力端敌人的老窝，越战越勇，越打越精。慢慢地，他发现了一个规律：敌人在哪个村子里遭到伏击就到哪个村子里进行报复，烧杀抢掠，无恶不作，有的村子竟被全部烧光，夷为平地。长此以往，部队打胜仗，群众则吃大亏。为了解决这个问题，他和游击队队员们开动脑筋，想出了几个对付敌人的“战术”。

“两面政策”：在摸清敌情后，卡住时间，派“白皮红心”的村长或维持会会长到附近敌人据点报告。等敌人赶来增援时，村里的小股敌人已被消灭，游击队员已撤走。这样，据点的敌人就没有报复的借口了。

“张嘴等食”：尽量避开村落战，到公路上打伏击。待敌人进入伏击圈后，迎面埋伏的游击队员首先开火，逼敌后撤；埋伏在后面的专门打截击，收缴枪支抓俘虏，两三分钟就结束战斗。

“卡头战”：突遇敌人，集中火力朝敌人一个方面猛烈射击，趁敌散开、卧倒时，游击队员们从另一方面迅速转移。

“羊拉屎”：在敌人穷追不舍的情况下，每跑过一个村子，就留下一些游击队员隐蔽起来，待敌人朝前面继续追去的时候，突然向敌背后射击，使敌人穷于两面应付。

“倒封锁”：一旦被敌人堵在村子里，尽量把队伍集中到靠村边的房子里，隐蔽待敌。少数敌人来搜房，就缴了他们的枪。如果暴露目标，就径直朝敌人村外的岗哨跑，这样容易引起敌人错觉。待敌哨兵醒悟过来，已经当了俘虏，从而使小队顺利转移。

“惩罚战”：一旦有战士负伤或牺牲，一般不出三五天，就会让敌人得到加倍的惩罚。

“黄鼠狼拉鸡”：在内线关系的配合下，趁夜色掩护，拔除敌人据点，或抓几个俘虏。

靠这些机动灵活的战术，黄立荣率领第五小队打了许多“无本万利”的胜仗。

1942年，冀中大“扫荡”开始后，日军实行“三光政策”，斗争环境变得异常残酷。黄立荣告诉大家，为了避免被敌人摸着行踪，晚上小分队进村不能生火；要躲开树上有乌鸦的地方走；遇到养狗的住户，要动员群众让自家的狗保持安静。这样，第五区小队虽然每天在敌人鼻子底下转来转去，敌人却毫无办法。他们虽被敌人包围过几次，但都巧妙地转移出来，从未受到什么损失。大家说：“跟着黄队长打游击，心里头踏实。”

黄立荣在交河县第五区小队当队长的两年时间里，小队的主要战绩是：缴获机枪四挺，步枪五百余支，自行车一百辆，短枪和子弹等不计其数。由于五小队战斗力强，他们不断向县大队和兄弟小队输送队员。到1943年初，小队共向外输送战斗骨干四十余人。第五区小队打出了威风，打出了名声，战士们编了顺口溜称赞黄立荣：

敌人想逞能，
偏遇黄立荣。
伪军会缴枪，
鬼子送了命，
提起黄立荣，
敌人就头疼。

1943年春天，八路军第三纵队兼冀中军区第八军分区召开大会，庆祝反“扫荡”的胜利，黄立荣被选为大会代表。会上，他被授予冀中军区一等（级）战斗英雄的光荣称号，同时奖给他“五”纪念奖章一枚、派克金笔一支。会后，黄立荣被提升为献县、交河县游击大队的副大队长，不久又提升为大队长。

1943年6月，黄立荣到县大队任职不久，被敌人包围在三区的安庄。县大队连续几天行军作战，没吃过一顿囫囵饭，没睡过一个安稳觉，大家都很疲惫。一天，天色放亮，日伪军密密麻麻地压了上来。黄立荣集合队伍，放开嗓音说：“根据情报，来犯的敌人大部分是富镇据点的。富镇的敌人倾巢出动，内部一定空虚。听我命令，队伍从村头上路突围，直插富镇方向！”

队伍在黎明前的薄雾中，悄悄地摸上村头大路，前面就是无边的麦海，只要一冲出村外，敌人再凶也无可奈何。不料，一名战士的枪走了火，敌人听到枪声，层层包抄上来。

“快！”黄立荣指挥大家朝麦地跑去。突然，斜插里冲出十几个日军，黄立荣抬手一枪，撂倒一个，战士们和其余的日军展开肉搏。

太阳升起一竿子高的时候，黄立荣带着队伍终于转移到安全地带，但县大队牺牲了七八名战士，唯一的一挺机枪也丢了。

安庄战斗失利，黄立荣三昼夜吃不下睡不着。他流着眼泪对大家说：“宋云波大队长单枪匹马搞起来的家业，一上来就让我糟蹋了！牺牲了那么多的同志，我怎么向组织交代？”

几天后，富镇据点有一队伪军出发到交河去。黄立荣得到情报后，迅速把队伍埋伏在离富镇只有一里多的尚庄村南道沟里。敌人进入包围圈后，黄立荣领先一枪，将领头的伪军击毙。游击队员喊着“缴枪不杀”“为死去的同志报仇”冲出道沟，突入敌群。这一仗歼灭伪军七十多人，缴获枪支百余支。

1944年4月的一天，黄立荣带领县大队去攻打西辛村据点。午夜时分队伍悄悄过了封锁沟，在一个“堡垒户”家里隐蔽起来。天亮后，敌人的号音响了，一百多伪军走过吊桥出操。这时，经过乔装的几个游击队员大摇大摆朝岗楼走去。吊桥旁的敌哨兵大声喝问：“哪一部分的？”乔装战士也不搭话，箭一般向里冲去，将哨兵和岗楼里边的四名伪军当场活捉。与此同时，黄立荣率领县大队朝着出操的敌人猛扑过去，伪军们还没顾上拿起手中的枪，就全部当了俘虏。整场战斗，只用了十几分钟。战士们卷起席筒烧了炮楼，扛着缴获的枪支弹药和物资凯旋。

1944年10月4日，是献县、交河县抗日军民永远难以忘怀的日子。

这一天，天气晴朗，老盐河上吹过

# 游击队之歌

1=G $\frac{4}{4}$

贺绿汀 词曲

0 5 5 | 1 1 2 2 3 2 3 4 | 3 1 2 1 7 6 7· 6 5 5 5 |
我们 都是神枪 手，每一颗 子弹消灭一个敌 人，我们

1 1 2 3 4 5 6 5 6 | 5 3 2 4 3 0 5 | 1 1 1 2 2 3 2 3 4 |
都是飞行 军，哪怕它 山高水又 深！在 密密的树林 里，到处都

3 1 2 1 7 6 7· 6 5 5 | 1 1 1 2 3 4 5 2 3 4 |
安排同志们的宿 营地，在 高高的山岗 上，有我们

3 1 1 2 7 1 — | 3 3 3 2 2 2 | 3 2 3 2 1 7 6 5 |
无数的好兄 弟。 没有 吃，没有 穿， 自有那敌人送上 前；

3 3 3 6 6 6 | 2 2 2 3 #4 5 0 5 5 | 1 1 2 2 3 2 3 4 |
没有 枪，没有 炮，敌人给我们 造。我们 生长在这 里，每一寸

3 1 2 1 7 6 7· 6 5 5 5 | 1 1 2 3 4 5 2 3 4 |
土地都是我们自 己的，无论 谁要抢占 去，我们就

3 1 2 7 1. ‖
和他拼到 底！

来的风，刮起一阵阵沙土。县大队和地区四十一支队正驻守在四区阎五门村休整，忽然接到情报：日军五十余人、伪军二百六十余人，带着八十辆大车，到马村、豆庄屯一带抢粮。于是，两支部队决定一同到正东鲁官屯敌人回去的路上打埋伏，让过敌人的前部，中间开火截下粮车。

队伍出发了，刚走到鲁官屯村南，恰和返回来的敌人遭遇。双方占据有利地形，互相猛烈射击。游击队员们发起一次又一次冲锋，都被不停吼叫的机枪压在道沟里，冲不上去。黄立荣的脸涨得通红，大声喝道：

“集中火力，让鬼子的机枪变成哑巴！”

枪声、手榴弹爆炸声响成一团。趁敌人机枪停顿的瞬间，黄立荣跃出道沟，手枪一挥“同志们，上啊”，率先向敌人阵地冲去。刚刚冲出几十米，敌人的机枪又响起来，一排急骤袭来的子弹斜着从黄立荣的前胸和头部穿过。黄立荣最后望了一眼如潮水般冲上敌阵的战友们，望了一眼已经丢下粮车、狼狈逃窜的敌人，无声地倒了下去。鲜血如泉，浸红了脚下盐碱斑斑的土地。

战斗结束后，游击队员和当地乡亲们流着眼泪把烈士葬在阎五门村，后又迁到烈士的家乡黄官屯村。

# 少年林树松的革命足迹

文 / 符树森

1927年3月，林树松出生在昌感海尾渔村的一个贫苦渔民家庭。适龄读书时本应上学堂，但由于家庭贫困，林树松只好跟随母亲下海抓鱼、上山砍柴。穷则思变、压则思反，穷苦的日子促使少年林树松走上革命的征途。

**决心参军**

1937年，琼崖革命处于低潮时期，时任中共琼崖西南临时委员会宣传部部长的王业熹被派到海尾小学，以教师身份为掩护进行地下活动，发展林树松的哥哥林树轩（后改名为林杨春）入党，并成立海尾党支部，由林杨春任支部书记。从此，他家成了革命堡垒户。王业熹看到林树松年纪虽小但活泼可爱，便常教他“穷要思变”“要推翻压在人民头上的三座大山，贫苦人民才能得解放”等革命道理。在革命思想的熏陶下，林树松幼小的心灵里萌发了革命大志。

1939年2月10日，日军侵占海口后，于1940年1月侵入昌感海尾村并设立据点，在海尾村开办日语学校，实行“文化奴役”，培养汉奸、走狗。日本人见少年林树松人聪貌秀，便硬要他进入日语学校读书。林树松意识到，学日语出来，势必当日本人的翻译、做民族的败类。因此，日本人再三催他入学，他都坚决不从。时隔几天，日本人又探知他是远近闻名的抗日游击队大队长林杨春的弟弟，共产党邦溪交通站站长林家福的三儿子、便要捉拿林树松。机警的林树松眼看大难即将临头，便于当天傍晚，毅然离开了海尾老家。当晚，驻海尾据点的日本兵果然包围了他家，把他妈妈和小弟妹三人都抓到据点。第二天，在“白皮红心”的保长担保下，林树松的三位亲人才被释放。两天后，他妈妈和弟妹三人也逃到我抗日根据地的才地村。日军抓不到他的亲人，恼羞成怒，把他家房子拆掉，用木料和砖瓦去扩建据点。两个幼小的弟妹从此无家可归，流落他乡。

林树松冲出虎口后，连夜逃到抗日根据地的道隆村，找到了他哥哥林杨春。兄弟见面，悲喜交加，他抱着哥哥失声痛哭，恳切要求哥哥介绍他加入抗日队伍。

不久，他哥哥便带他到白沙七坊地区琼崖独立纵队第三支队驻地，介绍给支队队长张开泰当勤务兵，年仅十四岁的林树松如愿以偿地成为抗日独立总队的战士。在大哥和他的影响下，二哥林树辉、大妹林树妹也先后参加了革命。

**急中生计**

1941年夏，我第三支队两个大队共四百多人，奉命从白沙向万宁东调，途经昌感到乐东的黑眉岭宿营时，因敌探（汉奸）告密，日军集结数百人向黑眉岭我第三支队驻地发动突然袭击。在支队长张开泰的指挥下，我军与日军展开激战。仗越打越激烈，敌人援军越来越多，共增至两千多人，而且装备精良。在敌强我弱的形势下，我第一大队队长陈永泰在激战中壮烈牺牲，还有不少同志伤亡，支队部与各大队的联络被切断。为避免更大损失，张开泰支队长决定，采取游击战术，化整为零，分成若干小分队，利用山高林密的地势与日军周旋。我小分队攀悬崖、钻山洞与敌“捉迷藏”，有时敌军在沟堤上搜索，我小分队则在沟堤底下隐蔽，当敌疲惫时，我小分队又突然发起袭击。

一天下午，我支队部在指挥各分队与敌展开游击战斗中，我支队部机关不幸与强敌遭遇，敌军对我猛打紧追，为保存实力，我部大步撤退，林树松因人小力薄，加上又饿又累，跟不上队伍而失联。当敌军呼喊号叫着猛打猛追过来时，小林实在跑不动了。在此危急时刻，见路旁有一条长满茅草的深沟，他便机灵地跳入深沟藏在茅草丛底下。敌军追上来后，在他身边又喊又骂，东张西望，忽见前面有动静，以为林树松往前面跑了，便往前追赶过去，小林幸得死里逃生。

敌人走后，他从深沟内爬上来。天色逐渐黑了，在深山密林里伸手不见五指，该怎么办呀？从前在家里时，小林晚上进屋拿点什么都怕黑，而眼下在空旷漆黑、茫茫林海的深山野岭，说不怕是假的，但又有什么办法呢？哭吧，没有亲人呵护；喊吧，又怕敌人听到；饿了，没有东西可吃；困了，没有地方可睡；蚊子叮、蚂蟥咬，饥寒交迫，坐立不安！在艰难困苦的恶劣环境中，单身一人孤苦伶仃，这是他有生以来最难熬的夜晚！在此危难之时，他突然想起了老红军王业熹住在他家时说过的话：革命就意味着艰难困苦、流血牺牲，无论遇到任何困难，都要勇于克服，坚持就是胜利。想到这里，林树松的心境变得豁然开朗，刹那间胆子壮了，他倚在一块大石头边坐下来，熬过了一个漫漫长夜。

天亮了，山下仍是一片鸡犬不宁的恐怖景象。晌午时分，还能听见远处传来阵阵枪炮声，日军还没有撤走。林树松多么想念自己的支队和战友呀！他多想尽快地找到自己的队伍！可是辗来转去直到天黑还是找不到，他整整熬过了两天两夜，颗粒未进，累饿交加。第三天清晨，他朝着山下宁静的方向继续寻找自己的队伍。天无绝人之路，他遇上一位看守山兰稻的黎族老大爹，大爹见他是个可爱的小孩子，便热情地问起他。当老大爹得知他是父母军（黎族同胞称琼崖抗日独立总队为父母军或红军）的小战士时，便亲热地带他到自己的茅草房里，他真想让小林饱餐一顿，可又拿不出什么像样的东西来，只好把仅有的半小麻袋地瓜干拿出来请小林吃。饿得发抖的小林顿时喜出望外，怀着对老大

海南琼崖纵队旧址

爹的感激之情，美美地饱餐一顿。老大爹见他吃得又香又甜，便叫他把所剩地瓜干全都带上做干粮。小林虽知这是大爹仅有的口粮，但盛情难却，便用所有衣裤口袋把地瓜干装得满满当当，然后悄悄地把身上仅有的一块光洋压在麻袋底下，并给老大爹深深地鞠一躬后，怀着万分感激之情，踏上了寻找部队之路。

张开泰支队长不见小林归队，心急如焚。三天来，张支队长天天派人寻找小林。功夫不负有心人，在第三天傍晚，终于找到了失散的“孤儿”。“孤儿”回到“慈母”的怀抱，泣不成声，可想而知他是多么的高兴呀！

第三支队在黑眉岭与敌周旋了七昼夜后，突出重围，于次年春胜利到达万宁六连岭抗日根据地。

### 化险为夷

第三支队到达万宁后不久，林树松被调到琼崖独立纵队司令部，当庄田副总队长的勤务兵兼警卫员。有一天，小林和几名警卫员、传令员、护士等跟随庄田副总队长出发到营根镇（今琼中县城）。下午 5 时许，他们在营根西面的山沟里，与国民党一个连的顽军遭遇，双方交火后，因敌众我寡，庄副总队长指挥大家边打边撤到附近的小山上，顽军也抢占到该小山的另一侧，机枪、步枪的子弹雨点般地向我军飞来。庄田副总队长左脚跟受伤，血流如注，走不动了。紧紧护卫着庄田副总队长的林树松臂部也中弹，鲜血直流。顽军见我方人少便边打边压过来，我方仅有几支手枪，火力难以抵挡。眼看敌军要扑过来了，在此危急关头，林树松强忍伤口的剧痛，和另一名警卫员王学文一起，搀扶着受伤的庄田副总队长，撤到小山下的灌木丛里。敌军追过来后，向山下灌木丛里疯狂扫射，一名传令兵不幸中弹牺牲。在此关键时刻，有丰富作战经验的庄田副总队长镇定地告诉大家：“埋伏好不要动，天快黑了，敌人不敢进山。”顽军向山下灌木丛扫射一通后，没有看到什么动静，又不明我方虚实，果然撤走了。天黑后，林树松便叫跟随庄田副总队长出发的警卫员、护士等围拢过来，把受伤的庄副总队长抬到附近我军医院救治。事后，庄田副总队长深有感触地说：“那次在营根与敌遭遇，如果没有娇松、虾四（指林树松和王学文），我早就见马克思去了。”一直到 20 世纪 70 年代，庄田副总队长还念念不忘林树松的救命之恩，每次回海南他都要见林树松。

林树松童年时期就有强烈的民族志气，十四岁就参加革命部队。在最艰苦的斗争环境中，他坚定信念，勇敢机智；在战斗最危急的时刻，他不怕流血牺牲，誓死保卫首长安全；在琼崖纵队最高领导机关和前线指挥部的机要部门工作时，他兢兢业业，夜以继日地埋头工作，出色地完成了各项任务，为党和人民的事业立下了汗马功劳。

# 桃树沟里的抗日小英雄

文/陆晨晨

河北省完县有个野场村，在村东北两个山梁中间夹着个桃树沟，沟里长着许许多多的桃树，人们很难发现这里。可就在这个桃树沟里牺牲了一位小英雄，他就是王璞。

1943年春天，日军又来“扫荡”了。大家把驻扎在野场村附近的八路军机关，兵工厂里的枪支弹药，还有被服厂里的衣服鞋袜，都藏了起来，连村里的水井也盖好封住，不让日军发现。没过多久，日军像恶狼似的扑进了村子，可迎接他们的只有满街红红绿绿的标语和漫画，日本兵气得嗷嗷直叫，就是没有搜到附近几个村子老老小小躲藏的桃树沟。

第七天早上，天下着毛毛雨，王璞早早地就醒了。突然，他听见对面山头上响了两枪，他仔细向近处山头上一看，有很多晃动的人影。原来，是村里的地主告了密，日军悄悄地包围了这里。王璞赶紧向乡亲们大声喊：“不好，我们被包围了！”他们想转移，可惜发现得太晚，四周早已架起机枪。天亮了，日军把群众紧紧地围在一块几十平方米的空地上。其中一个日本兵一把抓住王璞的衣领把他从人群里拽出来：“你是小八路？”王璞摇了摇头。

那个日本兵把刺刀搁在王璞的脖子上，又厉声喊：“你是八路的干活！”

王璞把头一歪，直着嗓子喊了一句：“不是！”日本兵掉转枪托，猛地朝王璞腿上砸来。王璞身子一晃挺住了。

那个日本兵放开王璞，向着群众叫了一阵。翻译马上对大家说：“老乡们，太君说了，只要你们说出八路军工厂的机器、枪支弹药都藏在什么地方，马上就放你们回家。”

乡亲们都低着头，紧紧地咬着嘴唇，谁也不吱声。

只听咔嚓咔嚓一阵响，日军把机枪上了满膛，乡亲们还是没有一个说话的。

翻译急得吼了起来：“难道你们不怕死吗？”

王璞一看敌人真的要下毒手了，急忙从人群中挤出来喊：“爷爷、奶奶、婶婶、大娘们，咱们不能说啊！咱们宁死也不能当汉奸！”王璞的妈妈张竹子也站到了人群前面：“咱们死也不说，谁说谁是汉奸。”

王璞又喊：“儿童团员们，可不能忘记咱们的‘五不’誓约啊！”

二十几名儿童团员，一起朗诵起来：“……不听鬼子话；不受鬼子的骗……”朗诵到“不告鬼子实话”一句时，都不约而同地抬高了嗓门，有的人几乎是喊出来的。

日军军官气得吼叫起来：“统统枪毙！”刺刀架在了王璞脖子上，王璞毫无畏惧地高呼：“打倒日本帝国主义！”

刺刀落下，敌人的机枪响了，十四岁的王璞倒在血泊中。这天是1943年5月7日，王璞和桃花沟里的一百多名群众遭到敌人的疯狂杀戮。

为了纪念在桃树沟牺牲的群众，晋察冀边区政府召开了追悼大会，授予王璞“抗日民族小英雄”的光荣称号，并立了纪念碑。

# 用身体做炮架的一级英雄孔庆三

文/安克骏　李　瑶

一级战斗英雄孔庆三

在朝鲜平津湖畔志愿军烈士纪念塔上，镌刻着无数牺牲在异国土地上的中华儿女的姓名，其中有一位山东籍英雄，他用自己的身体做炮架，用自己的生命打开了朝鲜战争中新兴里战役的胜利之路。他就是被授予“一级战斗英雄”称号的山东儿郎——孔庆三。孔庆三是山东济南历城人，生于1926年。他二十岁时参军，1950年在抗美援朝战争中英勇牺牲。在短短的军旅生涯中，孔庆三发扬了山东人民艰苦朴素、勤劳勇敢的优良传统，是朝鲜战场上无愧于祖国和人民的英雄！

## 艰难的成长岁月

20世纪20年代初，中华大地还笼罩在军阀混战的战火之中。山东大地也遭受着战争的荼毒，人民的生活异常艰辛。1926年，济南历城一个贫穷的农民家里添了一个男丁，他就是孔庆三。他的出生给家里人带来了很大的喜悦，但也使得原本就拮据的生活更加捉襟见肘。孔庆三的童年是很艰苦的，那时候摆在人们面前的不仅有贫穷、饥饿，还有战争的威胁。穷人的孩子早当家，孔庆三从小就很懂事，总是竭尽所能地帮家里做事。家里的生活虽然贫苦，却不失幸福。随着孔庆三一天天地长大，厄运

慢慢降临到了他的身上。

孔庆三出生在战火纷飞的年代，饱受战争之苦。1937年，日本大举入侵中国，山东也很快被日军占领。英勇的山东人民不愿做亡国奴，各地群众自发地进行反日斗争。日本军队为了加强对山东的控制，大量残害山东人民。1942年孔庆三十六岁的时候，父亲被日本人枪杀，在邻里乡亲的帮助下，孔庆三埋葬了父亲。下葬的时候，孔庆三扑到父亲的坟上放声大哭："爸爸，你没有饿死、没有冻死、没有累死，一家人都依靠你，可鬼子、汉奸把你害死了。你死得冤、死得屈啊！"从此，孔庆三就下定了参加革命的决心。

父亲死后，家里的顶梁柱没了，家人的生活顿时陷入困境。从此，孔庆三开始顶替父亲干活养家。他起早贪黑、两头不见太阳地苦干。夏天骄阳如火，他光着膀子在田里从早干到晚；冬天，他没有棉鞋、棉衣，冒着刺骨的寒风，还到处找活干。一年四季，日晒雨淋、风吹雪打，他总是不停地干活。生活在战争中的贫苦农民总是要面对许多意想不到的困难。家里的生活还没起色，孔庆三又被卷入了战争的风云。

1945年，解放战争开始了。国民党为了扩充兵力，到处抓壮丁，孔庆三也被抓进国民党军队里当兵。在国民党的军队里，孔庆三被安排到第四十六军一个炮兵营当兵。在解放战争大反攻的前夜，孔庆三奉命炮轰摧毁潍县（今潍坊）城外的一个平民村庄。他执行了命令，但炮弹却落到了村庄后面的旷野里，村庄里的群众毫发无伤。战斗结束后，他被打得死去活来。在国民党的部队里待了两年，看尽了国民党的无能和残暴，孔庆三总是盼着有一天能加入真正的人民军队，真正地为劳苦大众服务。盼星星盼月亮，孔庆三终于盼到了解放，从此他的人生掀开了新的一页。

1948年，孔庆三终于脱掉了国民党的军装，正式参加了中国人民解放军，任二十七军九二步兵炮连炮手、班长。参加解放军后，孔庆三参加了多次战役，为全中国的解放作出了贡献。1948年9月，济南战役打响，孔庆三作为炮兵参加了这次战役。家乡终于要解放了，这是孔庆三盼了多少年的事，因此他在战斗中特别勇猛。他将大炮对准国民党的工事，三炮就打掉了一个顽抗的地下碉堡，为解放大军开辟了通往胜利的道路。济南战役的胜利，为全国的战略决战谱写了一首响亮的前奏曲，也了却了孔庆三长久以来的愿望：他终于亲手解放了家乡，解救了处于水深火热之中的家乡父老。在接下来的淮海战役中，孔庆三的表现也格外出色，在来不及构筑工事的情况下，孔庆三冒着炮火，置生死于度外，将大炮推到开阔地上，开炮摧毁了敌人的碉堡。在渡江战役中，他带领班里的战士负责追击任务。在长达八天八夜的追击战中，孔庆三扛着一百二十斤重的炮筒，冒着大雨，踩着泥泞，带领全班圆满完成了追歼逃敌的任务。经过几年战争的锻炼，孔庆三进步很快。1949年11月，他加入了中国共产党，从一个贫苦农民成长为一名优秀的战士。

## 战场立奇功

1950年11月，为了打击麦克阿瑟的所谓"圣诞节前结束朝鲜战争的总攻势"的嚣张气焰，作为一名志愿军炮兵班班长，孔庆三随着部队来到了朝鲜，任志愿军第二十七军第八十师炮兵团

志愿军跨过鸭绿江

九二炮连第五班班长。这位年轻的志愿军班长坚毅的脸上，长着一双清澈明亮的眼睛，透着一丝机敏；魁梧的身材配着一副宽阔的肩膀，显得威武雄壮。当时正值美军发动所谓“结束朝鲜战争总攻势”的时候，情况非常紧急。他随部队跨过鸭绿江以后，连夜疾进，跋山涉水，爬冰卧雪，忍饥耐寒，整整八天，赶到了东线的天宜水里。天宜水里距美军占领的新兴里只有二三十里路，在这里，孔庆三执行朝鲜战场东线的阻击任务。朝鲜战争的东西线战场是以狼林山脉划分的，其东面为东线战场，其西面为西线战场。东线战场全是高山密林，白雪覆盖，气候寒冷，而且交通闭塞，地势险要，易守难攻。东线恶劣的自然环境决定了这里战斗的残酷和艰难。

1950年11月27日，志愿军九二炮兵连在此地待命已经两天，战士们还在焦急地等待着，但人人已是摩拳擦掌，随时准备出击。志愿军九二炮兵连五班正在班长孔庆三的带领下紧张地进行着战前准备。在将要打响的新兴里进攻战中，五班的主要任务是配合主攻连八连作战，执行掩护突击部队前进的任务。能为尖刀部队作掩护，孔庆三和战士们的心情都非常激动。班长孔庆三看到战士们斗志高昂、准备充分，开心地笑了。眼下这场仗，是他入朝后的第一仗。自从接到任务后，他就暗下决心，一定不辜负祖国人民和部队首长的重托，带领全班战士打好出国第一仗，打出五班的班威！

这一天终于到来了。1950年11月30日，在朝鲜咸镜南道长津郡新兴里发起的围歼侵朝美军的战斗终于打响了。下午5点钟，孔庆三带领全班战士出发了。他们顺着山沟往前飞奔快跑，一连翻过两座大山。虽然是寒冷的冬天，但汗水浸湿了棉衣。他们大约跑了二十公里路，到达于谷里，翻过山，隔河就是新兴里。他们爬到山顶看见沟里已燃起熊熊大火，曳光弹贴着地面乱窜，手榴弹与炸药的爆炸声响成一片——第八连突击排已经打响了战役！前方的战斗越来越激烈，自动枪声、机枪声、手榴弹声响成一片。孔庆三带领战士跑到山坡上，借着火光可以看见前方横着一个小岭，岭前二十米远，隐藏着敌人的一个火力点。敌人依托有利地势，将密集的火力射成一个扇面，封锁着前面狭窄的道路，阻挡了突击连前进的步伐。敌人借助这个工事投掷了大量的炮弹、汽油弹、燃烧弹，战场上石头被烧红了，土地被烧焦了，浓浓的烟雾直冲天际，滚滚黄尘弥漫了整个战场。突击连发起的几次冲锋都被压下来了，组织两次爆破也都没有成功，突击连与敌人紧张地对峙着。时间就这样一分一秒地过去了，任务没有取得丝毫进展。

当时，最有效、最迅速的办法，就是炸毁敌人的火力点。八连连长指着美军的火力点对孔庆三说：“五班长，你看前边山岗前二十多米远，有一个独立房屋，房子已经被我们的手榴弹打得七孔八洞了，但敌人的火力是从屋底下向外发射的，很显然，他们的工事在坑下边。

我们发起几次冲锋都冲不过去，派去爆破的人一到岭岗就……”八连长停了片刻又说，“同志们左右都绕不过去。这一仗能不能打好，就看我们能不能消灭这个火力点了。”孔庆三仔细地观察着山岗附近的地势，发现山岗前后左右均没有可以利用的地形，只能把炮架到岭岗上边才能轰掉这个堡垒。而岭岗距离射击目标仅有二十多米的距离，还没有超出炮弹爆炸的危险区域，如果要用炮弹摧毁敌人火力点的话，执行任务的战士肯定会有生命危险。但是此时，危险已算不上什么了，关键是把敌人的火力点摧毁，为突击连打开通道。想到这儿，孔庆三主动向副连长赵芳君请战：“连长，把敌人这个火力点交给我们班吧，我们一定炸掉它。”副连长看了看孔庆三，严肃地说：“五班长，能否快速炸掉敌人的火力点关系到此战胜负，你们的担子可不轻啊！”“连长，你放心，我们保证完成任务！”孔庆三斩钉截铁地回答。

冒着敌人密集的炮火，孔庆三带着战士李胜永和戈会东快速将火炮推上岭岗。但是岭岗前面有小岗遮挡，火炮无法直接射击火力点。孔庆三果断地将炮弹杀伤半径为二十五米的步炮推到距射击目标只有二十米的小岗，并立即在小岗上构筑工事。可这个小岗上全是冰土，又光又硬，一镐一个白点，甚至冒出了火星，崩到脸上火辣辣的疼，几镐下去，手掌就磨起了血泡。在这样的冻土上根本无法构筑工事，怎么办？只有做好了工事，才能保证炮弹发射无误。孔庆三仔细地观察着小岗上的地形，发现左边有个小土包，过去一看，是块冻石头，冻得蛮结实的。他让战士把炮推过来，将炮架左柱锄抵在岩石上，准备发射。但右柱锄却悬空着，火炮无法保持平衡，不能进行有效射击。这时，从沟里逃跑的美军正向新兴里奔逃，如果让美军在新兴里会合，后果将十分严重。情况万分紧急，在时间紧迫来不及变换阵地的情况下，孔庆三奋不顾身，毫不犹豫地拿起铁锹撑住炮架右柱锄，毅然用肩膀顶住了炮腿，坚决命令二炮手开炮。“太危险了！”二炮手犹豫着，看看班长吃力的肩膀，不忍拉火。孔庆三大声吼道：“快！不然就来不及了！听我的命令，开炮！”随着大地的震撼，一颗愤怒的炮弹直射向敌人的地堡垒。只听轰的一声，随着爆炸的火光，独立房屋倒塌了，美军火力点被摧毁了，四十余名美军被歼灭，突击队前进的道路打通了。而我们的英雄孔庆三却被九二火炮的后坐力弹出三四米远，同时被弹片击中腹部，壮烈牺牲。

英雄的行为就是战士们最好的榜样，看到孔庆三英勇无畏的牺牲，战士们打得更英勇了。想到孔庆三班长的死，战友们悲愤满怀。这些悲愤都随着志愿军的炮弹以排山倒海之势射向敌人的阵地，在一片猛烈的爆炸声中，敌人的阵地陷入一片火海，浓烟漫天，敌人丢盔弃甲地在烟雾中四散奔逃。步兵冲上敌人的

朝鲜战场上的志愿军

抗美援朝纪念碑

阵地后，也格外英勇。机枪管被烧弯了，大家拿起步枪冲上去；刺刀扭弯了，就用枪托砸；枪托砸碎了，就用石头做武器。大家与美军展开了肉搏战，每个人心中都有“只要我活着就坚决战斗不后退”的精神和“有我在就有阵地在”的决心。最终，我军战胜了美军，取得了新兴里战役的伟大胜利。

**忠骨埋异乡　英名永流传**

孔庆三牺牲了，他用自己的生命打开了新兴里战役的胜利之路。12 月 2 日，抗美援朝第二次战役新兴里战斗胜利结束。志愿军第二十七军用极端劣势的装备，全歼了在第一次世界大战中因入侵俄国西伯利亚战功显赫而荣获“北极熊团”称号的美军步兵第七师第三十一加强步兵团，击毙其上校团长麦克莱恩，缴获其团旗，创造了一个“以劣胜优、以弱胜强”的光辉范例。这次战役的胜利鼓舞了志愿军和朝鲜人民军的士气，为抗美援朝战争打开了一个新的局面，但是孔庆三和许多英勇的战友都长眠在了异国的土地上。

孔庆三英勇献身的光辉事迹很快传遍了朝鲜战场。为了表彰孔庆三的英雄事迹，1952 年 9 月 24 日，中国人民志愿军领导机关为他追记特等功，追授“中国人民志愿军一级战斗英雄”称号，并把他的名字镌刻在朝鲜长津湖畔志愿军烈士纪念塔上，让英雄的名字永载史册，千秋万代活在人们的心里。

孔庆三牺牲的消息传回祖国后，在烈士的家乡——山东济南历城王舍人镇，父老乡亲们也以自己的方式来寄托对烈士的哀思和悼念。1955 年 11 月 25 日，济南东郊大王山革命烈士陵园在历城镇赵家庄落成，孔庆三的遗像被悬挂在纪念堂的中央，供后人凭吊和瞻仰。

# 战斗在六连岭

文 / 李居民

六连岭上彩云生，
竖起红旗革命军。
二十余年游击战，
海南群众庆翻身。

这是朱德元帅1957年视察海南时，为六连岭革命根据地题写的光辉诗篇，它被刻在六连岭革命烈士纪念碑上。望着它，五十多年前我和战友们在六连岭坚持战斗的情景，又一幕幕地浮现在眼前……

## 历尽艰辛

1928年春，正当琼崖特委领导的人民武装斗争遍及全岛的时候，广东军阀陈铭枢急忙派遣国民党第十一军十师师长蔡廷锴率部抵琼，一方面重兵控制各县城镇，扶植地方反动势力；一方面稳扎稳打，对红军各个击破。4月，敌人主力开向琼山、文昌一带的红色地区，发起大规模进攻。6月13日，驻万宁国民党部队配合地方顽固派向六连岭苏区进犯。驻六连岭的红军和区、乡农民自卫军奋起迎击，但因敌强我弱，虽经顽强奋战，仍连连失利。8月，敌人又集中兵力向乐（会）、万（宁）、陵（水）地区大举进攻，红军在与敌人的持续作战中不断减员，情况日趋严重。

1928年冬，根据特委指示，我们驻六连岭的红军大部分开赴母瑞山开辟红色地区，万宁党政机关转移到万城附近的太子墓、周岭、牛六坑、后塘仔等村庄进行秘密活动。六连岭留下一小队红军由杨雄领导，坚持与敌人周旋，我也被留下。不久，文昌县红军四连约一百人（多为伤病员）从黑石港撤退，乘船到万宁南港登陆，星夜直奔六连岭同我们会合。当时，国民党军已在六连岭周围的随禄马坡、中兴、花丛、多扶、山根、坡罗、旧村等地修建了密密麻麻的碉堡，驻扎了大批军队，要把我们围困在山上。敌人强迫苏区群众全部搬到他们控制下的集中营里，驱赶他们上六连岭砍山“剿共”，不准自由行动。敌人还在城镇、市郊、交通要道、大村庄、小路口设置瞭望哨或检查站，严密封锁我们，妄图切断群众同我们的联系，断绝我们的给养，把我们活活饿死在六连岭上。我们在深山密林里，天天跟敌人激战，许多同志相继牺牲，幸存下来的同志也陷入了弹尽粮绝的境地。为了生存，为了坚持斗争，我们派出一些本地的同志，翻山越岭，穿林过河，绕过敌人的炮楼，冒险下山找地下党的同志弄粮食。

有一次，我和两位同志半夜偷偷潜入龙滚地区的黄竹塘村，找到地下党员何君梅老妈妈。她老人家见我们饿得面黄肌瘦，心疼得不得了，忍着眼泪把我们拉进厨房里，从地下挖出仅存的一坛子白米和十块光洋，送给我们。

后来，敌人封锁得更加严密了。我们下山筹粮的人总是有去无回，陈良器、陈兴礼、冯业宣、陈仁卿、陈一清、李家裕等同志下山时均遭到敌人抓捕，壮烈牺牲。陈良器同志被龙滚地区匪首陈拔群抓去后，受尽严刑拷打，但他视死如归，始终不泄露党和红军的一点秘密，还当众怒揭敌人的罪状。陈匪恼羞成怒，砍下他的头颅示众。陈良器同志就这样英勇牺牲了。

在恶劣的环境下，红军战士并没有被吓倒，没有一个人动摇降敌，大家始终保持着旺盛的斗志和革命乐观主义精神，怀着一个共同的信念：宁做敌人刀下鬼，不做叛徒跪着生。为了生存，有些同志下山涧去捞鱼虾、抓螃蟹，有些同志上山顶去挖山薯、掏鸟窝、摘金橘、采野菜。由于长期吃不到粮食和油盐，大家身体十分虚弱.不少同志得了病，有患严重水肿病的，有患痢疾的，有患疟疾的，几乎人人都生了疥疮，每天都有同志因病牺牲，幸存下来的人越来越少。到了1929年夏天，我们坚持在六连岭的红军战士只剩下二十七名了。

1929年7月的一天，我们二十七位同志拖着沉重的脚步，艰难地走下山去找党组织。我们在上磉村附近遇上了梁培英同志，他是县委派来找我们的。我们时刻想念着党，党也在派人到处寻找我们。今天终于和党组织联系上了，我们就像孩子见到了久别的亲爹娘一样喜悦。大家聚到梁培英身边，争着握他的手，有的甚至热泪盈眶地拥抱他。

梁培英同志给我们开了一个会，说：“同志们，我首先告诉大家一个好消息，国民党蔡廷锴部队已经调离琼崖了，各地碉堡炮楼由一些地方民团接管，苏区人民已重建家园，我们的革命将要恢复和发展起来了。”大家高兴地齐呼“中国共产党万岁”“中国工农红军万岁”等口号。待大家稍停，他接着说：“自从我们走后，你们在六连岭上与敌人周旋，历尽艰辛，许多同志在斗争中不幸牺牲了，你们把革命的红旗坚持了下来，县委要我向你们致以亲切的问候和敬意！”他又说，“县委王德波书记要我来接你们，把你们整编为红军一排，县委派我当排长，杨雄同志任副排长，下设两个班，其中一个驳壳枪班，凡是要参加驳壳枪班的同志自愿报名。”他的话音刚落，大家纷纷喊“我要报名”“我要参加驳壳枪班”“算上我一个吧”，结果全部战士都要参加驳壳枪班。我们都知道，驳壳枪班在战斗中执行的任务最多，能参加的人必须是非常机智和勇敢的，谁都把参加驳壳枪班当作一种骄傲和荣耀。但是我们当时只有九支驳壳枪，领导便批准我和黄辉山、陈学浩、林子勇、谢汉超、家福、六哥等九人为驳壳枪班战士，由杨雄副排长领导。梁排长说：“我们红一排有县委的直接领导，有地下党和人民群众的支持，我们要趁着敌人调离琼崖，地方反动势力争权夺利的混乱时机，大力开展军事行动，狠狠打击敌人。”他从背包里取出几十块光洋和一把剪刀说：“这是地下党的同志们募捐来的，他们知道我们衣衫褴褛，他们就缝了一些衣服，买了一些胶鞋送给我们。现在先派两名同志到丁九村向农民买些粮食。晚上，再派人去取衣服和胶鞋。”大家的心

头涌上一股暖流，每个人都暗自下了决心：一定要在今后的革命战斗中大干一场，为迎接革命高潮的到来作贡献。同志们有的把枪擦得很亮得亮，有的用剪刀剪掉那近半尺长的头发，有的到山涧去洗个痛快澡……

## 奇袭坡罗

1929年8月，我们六连岭红一排刚成立不久，县委决定奇袭六连岭附近的坡罗反动民团。县委将地下党组织弄来的二十多套国民党军服送给我们。梁培英排长向我们传达了战斗任务，要求每个战士都要学会讲一两句广州话，以便化装袭击敌人时好使用。大家听说要化装奇袭坡罗敌人，个个高兴得不得了，立即投入了紧张的准备工作。

战斗中的战士

准备行动的那天晚上，全排没有一个人能睡好，一个个躺在床上眼睁睁地盼天亮，恨不得插上翅膀，一下子飞到坡罗墟去。好不容易才看到东方露出鱼肚白，不等梁排长叫起床，大家一个个动作利索地下床，穿上国民党军服，戴上军帽，列队站到了梁排长面前。梁排长检查了大家的着装后，说："同志们，大家要记住战斗的计划安排，要沉着，注意听我指挥。团兵投降的可以不杀，团董作恶多端，一定要击毙，敌人的枪支一定要全部收缴。"说完，他手一挥，我们就出发了。我们沿着崎岖的山路一口气跑了十多里，到达后沟岭下的公路旁，在树丛里埋伏起来。

我们计划劫持汽车假装敌军驶入坡罗墟，可是等到十点钟，竟然没有一辆汽车路过。正在十分焦急的时候，突然有一辆汽车从万城开来。当汽车驶到我们埋伏点时，我们冲出去拦住它。司机刹车后，看我们虽然穿着国民党军服，但动作非常勇猛，不像国民党兵那样大吵大嚷，猜出我们是红军。他对我们说："同志，你们要打敌人，我可以开车送你们去，但最好让我开车走后，你们再动手。"梁排长答应了。大家乘上汽车，很快到达了坡罗墟。

我们下了车，大摇大摆地朝敌据点走去。走到据点岗亭，站岗的哨兵见梁排长是"长官"模样，马上双脚一靠，恭恭敬敬地行了个军礼。梁排长问："你们的团董在哪里？为什么不出来迎接'国军'？"哨兵答道："在饭店里喝酒。"梁排长问清饭店的位置，用眼色示意黄辉山同志去收拾这个杀人魔王——陈成国。黄辉山朝饭店走去，不料被陈成国的胞妹认出来了，她抢先跑去通知了陈成国，于是这个家伙跑掉了。

我们在梁排长的带领下直奔敌人的据点，只见团兵们有的在抽大烟，有的在赌博，有的在烧小灶煮东西吃，他们见“国军”光临，连忙站起来表示欢迎。一个当官模样的家伙跑到梁排长面前立正敬礼，然后笑嘻嘻地说：“国军光临，兄弟失迎了，请多多原谅，你们辛苦了……”不等这家伙说完，梁排长用驳壳枪顶了顶帽子，我们一见这行动信号，把枪口对准了敌人。梁排长厉声喝道：“别动，我们是红军，缴枪不杀！”顿时，敌人一个个脸色苍白，浑身筛糠，呆若木鸡。那个当官模样的家伙见势不妙，急奔墙边去取枪。梁排长右手一挥，砰的一声，这家伙四脚朝天倒下了。其他敌人见状，都乖乖地举起了双手。我们收缴了驳壳枪两支、长枪二十六支、电话机一部、光洋一百多元，俘虏团兵二十八名。

战斗结束后，在返回六连岭的路上，有几位同志摆弄着刚缴来的崭新的步枪，“乒乒乓乓”射击了一阵。枪声惊动了驻旧村炮楼的反动民团，团董吕昌永带着二十多名团兵拦路截击我们。我们发现敌人，马上散开予以猛烈回击。梁排长命令黄辉山、何贵、六哥和我从敌人的侧翼包抄过去，前后夹击，当场撂倒团兵三人。敌人见势不妙，夹着尾巴逃跑了。

**智取仙河**

万城镇仙河民团据点是国民党县长何清雅在城郊北门高云坛庙安置的一个重要据点，作为县署“防共”的第一线，控制尧上、裕光、仁里等村庄以及东北厢的人民群众，企图阻隔我们同县城地下党组织的联系。

1929年1月，为了给琼崖红军主力进攻万宁县城扫除障碍，县委派我们红一排消灭这股反动势力。我们在万宁区委书记陈之楠的协助下，接到了县城地下党组织送来的情报。情报说：仙河民团团董名叫陈庆光，在他手下有团兵十五人。地下党组织曾派一位同志混进据点，敌人对他毫无怀疑。但是，自从坡罗事件发生后，敌人提高了警惕，加强了岗哨，夜间团兵进出据点都要对暗号，不像过去那样随便让人进出据点了。

我们找到地下党组织商量，决定派那位经常进出据点的同志设法从敌人口中获得暗号。这位同志愉快地接受了这项任务。

第二天，这位同志一早就到市场上闲逛，买了高级香烟，边抽边走，来到据点附近，若无其事地东看看、西瞧瞧。一个团兵从据点里出来了，这位同志忙迎上去招呼，把整包香烟递了过去。团兵接过烟咬出一支，问道：“老兄，怎么这么久不来找我们打麻将？是输怕了吧！”

这位同志装作无可奈何的样子，答道：“哪里的话，和兄弟们赌几盘乐一乐，我求之不得，输几个钱有什么大惊小怪？只当我送几个钱给兄弟们买包烟抽罢了。不过……”“不过什么？你快说呀。”团兵急问。这位同志皱着眉头苦笑着说：“不过不好办呀，你们现在日日

陵水苏维埃政府旧址

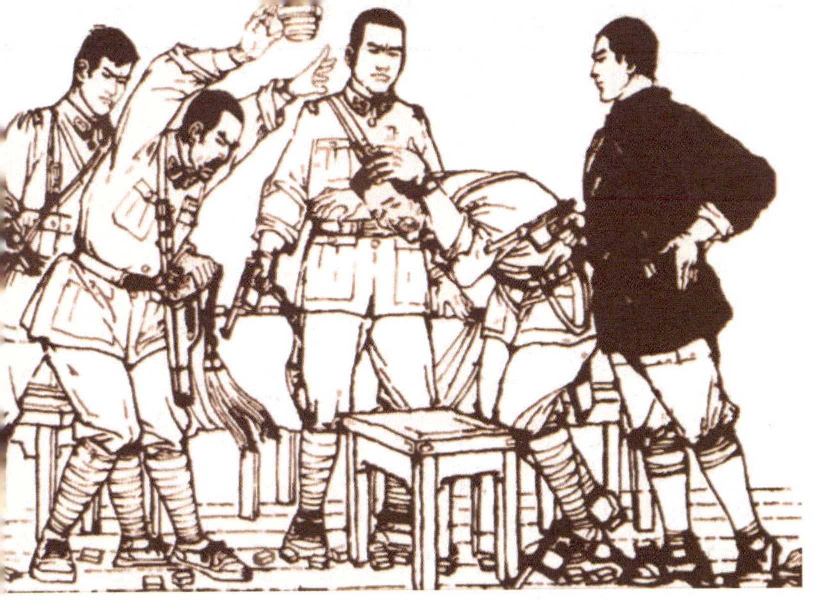

地关上了大门。我和杨雄、家福、黄辉山、谢汉超等人狠命地砸开大门，伏在门槛下，把枪口指向敌人，高喊“投降不杀”。但是，敌人向我们开了枪。我们顿时奋起，向敌人猛烈反击，一连击毙了团董陈庆光和九名团兵。其余团兵看顽抗只有死路一条，便纷纷举手投降了。

夜夜戒严，晚上进出据点还要叫暗号，我又不知道暗号，你叫我来不是白白送死吗？”

那团兵听后哈哈大笑起来，猛吸了一口烟，环顾四周无人，便挨近这位同志小声地说：“这倒也是，自从坡罗事件我们的弟兄被共军袭击后，上头抓得很紧，不戒严说不定哪天我们也挨共军的枪子呢。不过，你是我们的熟人，是老友，可以通融嘛。”说着，他便悄悄地把晚上进出据点的暗号告诉了我们这位同志。

获得敌人的暗号后，为了确定真假和进一步摸清据点里面的情况，我们的那位同志又陪着他们赌博了两天。第三天晚上，黄辉山、谢汉超、林子勇、何贵、家福、六哥和我等十六位同志在杨副排长的带领下，由那位地下党同志当向导，直接奔赴敌人据点。快进据点时那位同志沉着地走进去，其他同志隐蔽在黑暗中。

那位同志走到离据点有十多米时，敌哨兵喊暗号，他边回答边大摇大摆地往里走。敌哨兵毫无提防，何贵、六哥从背后一跃而上，不等哨兵喊出声来就堵住了他的嘴，随即把他捆了个结实。我们一跃而起，迅速地冲进庙里。敌人在后厅赌博，发现有动静，便慌慌张张

整场战斗只用了十五分钟，缴获驳壳枪一支、步枪十五支，还有一批子弹。当我们撤出高云坛庙时，县城地下党林关胜、高腾端等十多位同志早已在等候我们了。他们紧紧握着我们的手表示祝贺，连夜送我们回到六连岭驻地。

**严惩恶霸**

我们这支活跃在六连岭地区的工农武装队伍在县委直接领导下，一面大力开展军事行动，到处打击敌人，积极开辟新区；一面深入发动群众，打土豪，筹集粮款，解决经济问题。

东山民团团董李光球是万城地区的恶霸地主，这家伙经常派出大批狗腿子，到处收租逼债、敲诈勒索。群众怨声载道，纷纷要求我们严惩。1930 年 1 月，我们决定擒拿李光球，逼他交出搜刮去的光洋，用以解决部队的经济困难、接济群众。我们的计划很快得到县委的同意。

战前，梁排长召集我们开会，进行战斗部署，决定由杨雄副排长率领我和林子勇、陈学浩、黄辉山、谢汉超、何贵、家福、六哥等二十位同志执行任务。

腊月十八的那天晚上，北风呼啸，寒气逼人，半夜时分又下起毛毛细雨。

同志们穿着单衣短裤，个个冷得浑身发抖。我们偷偷潜入东山村，把敌人的据点包围起来。

杨副排长和黄辉山、谢汉超、家福、何贵、六哥及我等八人迅速爬过围墙，跳进据点内，首先夺取了哨兵的枪支，把他捆在墙角里，然后飞奔到敌人的住房。正在聚赌的团兵听到我们急速奔跑的脚步声，急忙抛下麻将，慌慌张张地跑去取枪。不等他们摸到枪架，我们早已用枪顶住他们的胸膛。“不准动，缴枪不杀！”那声音像一阵炸雷吓得敌人触电似的呆住了，乖乖地举起了双手。我们迅速收缴了敌人的十几支步枪。声音惊醒了关着房门睡觉的团董李光球。他在梦中听到“缴枪不杀”的喊声，大惊失色，从枕边抓起驳壳枪就胡乱放枪。这时我们的神枪手何贵一脚踢开房门，扑向李匪，像猫捉老鼠一般生擒了他。李匪像丧家之犬一样哀求：“饶命，饶命！”

杨副排长说：“免死可以，但有个条件。”他哆哆嗦嗦地说：“什么条件都办得到，只要不让我死就行。”

杨副排长说：“那好办，请你跟我们去六连岭，想活命就叫你的家人给我们红军送去一千块光洋，要是耍花招的话，那就……”

李匪不等杨副排长说完就连声说“可以，可以”，说完就交代一名团兵给他姨太太报信，要她如数送光洋上山。我们把李光球押送到六连岭后不久，李的家人送来了一千光洋。

解决东山民团不久后的一天早上，我们红一排在杨副排长率领下，化装成农民，混进大茂墟集市，以迅雷不及掩耳之势冲进赌馆，击毙了大茂民团团董杨美斋和团兵三人，缴获长、短枪四支。我们撤出大茂墟分两路返回驻地时，我和黄辉山、家福、六哥四人在田头村附近的冯公园村遇上一位姓陈的老乡。他对我们说：“山根民团团董罗某和三名团兵下村收团饷将要经过这里。”我们马上埋伏起来。约一袋烟工夫，那几个人向我们埋伏的地点走过来。当他们进入我们的伏击地点，我们开始射击，击毙平时作恶多端的两名团兵。罗某被这突然袭击吓得晕头转向，双手拔出两支短枪乱放，另一名团兵见势不妙跑掉了，罗某受伤后负隅顽抗，我拿出一枚手榴弹向他掷去，轰的一声，这个作恶多端的团董终于得到应有的下场。这场战斗前后还不到十分钟，收缴了枪四支、光洋一百多块。大家高兴极了，带着战利品，朝着县委驻地方向走去。

我们坚持战斗在六连岭的红一排经过半年的艰苦作战，先后攻克了坡罗、仙河、东山、大茂、和乐、后安等据点，消灭了大量敌人，缴获了大量武器装备，壮大了革命队伍，威名传遍全琼，被群众誉为“铁军”。我们所到之处，群众欢天喜地，敌人闻风丧胆。随着革命形势发展，农村青年踊跃参军参战。

1930 年 2 月，我们红一排扩大到六十多人。这时，万宁县委决定整编重建红军第四连，派陈颖端同志任连长，杨战同志任副连长，下编两个排，一排排长是帮胜同志，二排排长是陈学浩同志。我是一排驳壳枪班班长。整编后我们红四连在上城九阜休整了半个月，总结战斗经验，学习政治，进行军事训练，增强了战斗力，跨上了新的征程。

# 滑石片歼灭战

文／张宗逊　廖汉生

滑石片伏击战遗址纪念碑

1938 年 9 月下旬，侵华日军沿平汉、正太、同蒲、平绥诸路，分二十五路向我晋察冀边区北岳区的五台、阜平、涞源等中心地区大举围攻，妄图分割摧毁我晋察冀抗日根据地。

中央军委命令第一二〇师向晋察冀边区挺进，配合晋察冀兄弟部队粉碎敌人的围攻。原在恒山地区作战的一二〇师三五九旅，继续在晋察冀军区统一指挥下，打击由平绥路进犯之敌。我三五八旅根据一二〇师首长的指示，先是向同蒲路北段出击，积极开展游击战，钳制敌人向北岳区的进攻，继而开赴同蒲路以东，进入晋察冀根据地北岳区，直接参加反围攻作战。

10 月下旬，我三五八旅由山西省忻县同蒲路西侧的鱼龙沟、杨胡村地区转移到五台县城南一带，旅部和七一六团驻寨里村、中庄村，七一四团驻白家庄等地。部队一到，马上在群众协助下封锁了消息，积极侦察敌情，熟悉地形，寻机歼敌。那时，我三五八旅的电台只能和师部联络，来到北岳区以后，一直没能和晋察冀军区的领导联系上，得不到指示。因此，当时我们只知道五台县城有敌人，驻地周围的敌情一点也不了解。11 月 2 日，旅部派七一六团刘忠参谋长带一个骑兵排，冒着风雪到五台县城一带侦察，准备相机攻打五台县城的敌人。可是，直到晚上刘参谋长还没有回来，大家都非常焦急。11 月 3 日，风雪停了，太阳出来了。指战员们跑到屋外向阳的地方，有的擦枪，有的缝衣纳鞋。大家的求战情绪非常高昂，边干活边议论着：领导不是说到五台县这边来打敌人吗，怎么还不见动静呢？中午过后，刘参谋长回来了。他报告说，五台县城日军纳野大队几百人，昨晚从五台县城出动，向东进犯，经过三十五公里山地夜行军，今天凌晨偷袭了驻五台县高洪口镇的晋察冀军区二分区五大队，当地军民受到一些损失。我们得到了日军动向的消息，都为之一振。三五八旅旅长张宗逊、政治部主任张平化和七一六团团长黄新廷、政委廖汉生当即围着地图，进行细致周密的研究分析。大家判断这股敌人是孤军出动，没带多少给养，又有后顾之忧，必然迅速退回原来据点。敌人经过整夜的长途行军，估计可能要在高洪口镇休息，今晚或明早撤退，按敌人以往的行动规律，将按原路返回。听了大家的意见之后，张宗逊用手指沿着地图上从高洪口到五台县城的大道慢慢移动，最后停在滑石片上。从地图上看出这里山峦起伏，两山之间夹着一条长达数里的山沟，大道从沟底蜿蜒而过，沟深路窄，我军若在此设伏，突然开火，即可陷敌于不利。张宗逊说：“在这里设伏，击其惰归，歼灭这股敌人是完全有把握的，关键是我们要按时赶到滑石片。”当时敌人距滑石片只有十公里，而我们却要走二十五公里。因此，关键在一个“快”字，要和敌人抢时间，争取先敌到达，做好伏击准备，起码也要和敌人同时到达，打场预期的遭遇战。因此张宗逊当即决定：七一六团进到滑石片两侧设伏，并准备在开进中随时和敌遭遇，坚决歼灭敌人；七一四团急行军到滑石片西北的南院村地区，选择有利地形，负责警戒五台县城方向，防止敌人增援，并准备截击从滑石片漏网向西逃窜的敌人。张宗逊最后加重语气说：“大家注意！要快！一个小时以内，部队一定要出发。”

廖汉生将军

开完会以后，黄新廷和廖汉生立即分头向各营布置任务。大家都清楚，如果我们慢一步，就会失去战机。这时候，各连队已经做好了晚饭，还没有开饭。任务向下一传达，战士们纷纷表示：不吃饭了，打敌人要紧。下午4时，七一六团各营就先后出发了。从获得情况到部队行动仅用了两个小时。

部队踏着积雪，在当地群众的带领下，抄捷径向滑石片疾进。各连的连长、指导员一边行军、一边跑前跑后向战士们传达上级的指示，进行政治动员。立刻，队列里响起了“坚决消灭纳野大队”“把敌人赶出边区去”的口号声。有的还展开挑战应战活动，使队伍加快了前进的速度。天气虽然寒冷，大家的衣服却被汗水湿透了。

太阳落山后，气温骤然下降，寒风卷起积雪打在战士们的脸上，疼痛难忍；汗湿的衣服紧贴在人们身上，凉透肺腑。崎岖的山道只有二尺来宽，在逐渐加浓的夜色之中，越来越分辨不清。不少战士跌倒了，爬起来继续赶路，有的还开

玩笑说:“快到滑石片了，怪不得滑得站不住脚了。”

旅部和七一六团只用四个多小时，就走完二十五公里山路，晚上9点登上了滑石片以西高地。在朦胧的月色中，只见两座高山夹着一条狭长的沟道，弯弯曲曲由东南向西北伸展。沟道宽约二三十米，西面是三四米高的陡崖，不易攀登，东面坡度较缓，容易上下。我军只要占据西面有利地形，就可以用火力封锁敌人，使之无法爬上东坡，看来这里的确是打伏击的好地形。不一会儿，派出的侦察员跑来报告说敌人来了。我们立刻命令部队按原定的部署展开：三营拦头，迅速占领滑石片西北高地，并以一个排占领大沟东侧高地，卡住沟口，堵住敌人去路；二营设伏在滑石片附近大沟西侧，准备拦腰打击敌人的行军纵队；一营在滑石片东南大沟的西侧隐蔽设伏，和第二营部队相接，待敌人进入我伏击地区，战斗打响后阻击其尾部。旅和团的指挥所设在大沟西面的西天和村附近。

1940年4月，358旅旅长张宗逊（未戴军帽者）在部署战斗

战斗命令刚下达，各连正在迅速展开向山下预定地点运动时，远处就传来了皮鞋和马蹄声，敌人进沟了。突然，从一营方向传来了一声枪响。大家一听，坏了，开火过早了。过一会儿，一营的通信员气喘吁吁地跑来报告:“一营只过去两个连队，剩下两个连还没有过去，敌人就上来了。营长请示首长怎么办？”黄新廷没有直接回答他，他问道:“刚才是谁乱开枪？”通信员说:“那是敌人放枪壮胆。”“原来是这样。”黄新廷对通信员说，“告诉你们营长和教导员，没有过去的部队就不要强行通过了。注意隐蔽，把敌人全部放进沟里。三营在前边一打响，你们就堵住敌人的后路，不准放掉一个敌人！”

一营通信员刚走，敌人已经来到山下不时传来人喊马嘶和牛、羊、鸡、鸭的叫声。这些日本兵在高洪口抢掠了一番，正扬扬得意，行军警戒极为疏忽，入沟后一点也没有发觉我军的埋伏。看到这种情景，战士们都按捺不住满腔怒火。黄新廷狠狠地说:“看你们还能猖狂多久！”为了指挥方便，团指挥所移到三营的阵地。

三营各连队下到陡崖上时，敌人的先头分队十多个人已经过去了。这时九连几十名精壮小伙子组成的突击队猛扑到沟里，用步枪、机枪、手榴弹一齐向敌人开火。骄横的日军做梦也想不到八路军会在这里冒出来，顿时人喊马嘶，乱作一团。过了一会儿，敌人集中全部骑兵，向九连正面猛冲，企图突出沟口。九连突击队的火力眼看压不住敌人，黄新廷对三营营长王祥发说:“往下压！”王祥发把棉衣脱下往地上一甩，挽起衣袖，一手提驳壳枪，一手拿手榴弹，大吼一声："十一连跟我来！"战士们像一阵风似的跟着他扑下去。九连长曾祥旺也带两个排，从侧翼向下压。片刻间，山下响起了猛烈的手榴弹爆炸声。在团团闪亮的弹光中，战士们端着刺刀和敌人展开了激烈的白刃战，使敌人无法发挥火力优势。王祥发果敢沉着地指挥三营指战员接连打退了敌人的五次冲击。

与此同时，二营在营长蔡九和教导员黄新义带领下，与从大沟西侧向下压，和向前涌的敌人遭遇。走在前边的八连长李家富没等上级号令，就带着全连跑步接近敌人，勇猛冲杀，把敌人拦腰截断。二营其他连队紧跟着从山上冲下去，用手榴弹和机枪、步枪等火力向敌人侧翼冲击。五连长巴尚真和指导员万在明率领全连，硬是在敌人中间突过去，飞速占领了东侧山坡上的一座小庙，控制了制高点，把向东坡上爬的敌人打得滚回了沟里。

一营三连在敌人后尾过完之后，也迅速向敌人侧后包围攻击。敌人正面和侧翼被二、三营打得一片狼藉，向前冲不出去，又转过头来往回突。这时，一营阵地的枪声越来越密。廖汉生对黄新廷说："得派一个连去加强一营。"黄新廷马上说："你在这儿指挥，我去！"刘参谋长在一旁听了，急忙说"我去"，说完立即跑向二营，带上一个连奔向一营阵地。

战斗进行到了白热化程度，各连队发扬我军夜战近战的特长，战士们个个英勇杀敌，经过两小时激烈战斗，就将敌人的行军纵队分割成数段。大部分敌军被迫躲在陡崖下进行垂死挣扎，少数退到沟西北石沟村的几间土屋里困守，根本没有反击能力了。

这时，张宗逊来到前沿阵地，对团部战士们说："敌人已经被打乱了，不能让他们有喘气的机会。全团应该立即冲下去，彻底消灭这股敌人！"团指挥所马上向各营传达了总攻击的命令。顿时，响亮的冲锋号声四起，战士们端着雪亮的刺刀，喊着"冲呀""杀呀"，像猛虎下山似的冲入沟底，与敌人展开激烈的搏斗，用刺刀和手榴弹歼灭被分割的敌人。

三营一位姓高的排长，率领全排冲向石沟村。快接近村屋时，敌人以机枪拼命扫射，负隅顽抗。高排长领着战士们冒着弹雨冲到土屋跟前，几名战士迅速爬上屋顶，把一束束手榴弹扔到屋里，炸得敌人嗷嗷怪叫。敌人的机枪哑了，没被炸死的敌人再也不敢待在屋里，发狂般地往村外跑。这时，三营的其他连队也赶到村前，这些日本溃兵有的被刺死，有的当了俘虏。

二营阵地的陡崖下有三户窑洞，有一伙敌人被困在洞里。六连长周绍训领着战士们冲进去，把敌人全部击毙。洞里敌人还没来得及架起的电台、几笼军用信鸽，都成了我们的战利品。

七一六团和敌人进行了一夜的格斗，除二十三个残敌绕到北边的灰窑沟，逃

一二〇师干部合影

出了伏击圈外，其余敌人全部被歼。

七一四团驻白家庄，距离滑石片西边凤凰山的南院村有五十多公里，接到命令后就马上出发。经过一夜急行军，4日拂晓到达南院村附近，正遇从滑石片逃出的几十个敌人路过，团领导立即派一个营跟踪追击。这时，由五台县城方向出动的一小股增援滑石片之敌，很快与几十个残敌会合。七一四团马上投入战斗，给这股敌人以迎头痛击。敌人被打得狼狈不堪，扭头就往五台县城逃。七一四团紧紧追击，一直撵到五台城下。

第二日早晨，彻夜的枪声停止了，太阳从东方升起，万道霞光照耀着滑石片四周的远山近村。恢复了宁静的山沟里，到处横七竖八地躺着日军的尸体和军马，敌人带的山炮和小炮还完好地驮在马背上，未及卸下来，毒气弹、烟幕弹、残刀断枪和军用给养品扔得遍地皆是，疯狂一时的纳野大队被彻底消灭了。七一六团的战士们在群众帮助下迅速打扫了战场，高唱着胜利的战歌开往高洪口。七一四团在4日夜间袭击了五台县城之后，也赶到高洪口集结。

到了高洪口的当天，我旅才和晋察冀军区二分区取得联系，通过他们向聂荣臻司令员报告了情况，同时也通过电台向一二〇师贺龙师长作了汇报。滑石片伏击战歼灭敌人第一〇九师团第一三五联队的纳野大队五百余人，俘敌二十余名，缴获山炮两门、小炮四门、轻重机枪三十余挺、步马枪三百四十余支、战马一百余匹、电台一部，其他军用品甚多。七一六团一些连队的同志在高洪口穿上缴获的日军呢大衣，摆上缴获的武器，高高兴兴地让晋察冀军区的记者照了一张集体相，这张照片至今仍保存着。当时，国民党当局派驻一二〇师的上校联络官陈宏模不相信我们取得的胜利，贺龙师长嘱咐我们给他两件日军呢大衣和一把日军军官指挥刀。在实物面前，这个联络官也确信无疑了。

滑石片伏击战，我七一六团以比敌人稍多的兵力，以劣势的武器歼灭了装备优良的敌人，自己伤亡几十人。这是抗战以来很成功的一个战例，也是晋察冀边区反围攻后期取得的一次较大胜利。

# 蔡店奔袭战

供稿 / 武汉党史网

1939 年 3 月，新四军鄂豫抗日挺进纵队第六游击大队队长罗厚福，在信阳南部的灵山冲大寺口听取了李先念关于党的六届六中全会精神的传达后，5 月即挥师向南挺进鄂东敌后，在（黄）陂孝（感）边区与第五游击大队的一个中队会合。部队决定打一次长途奔袭战，歼灭盘踞在黄陂蔡店李新湾的伪军李汉鹏部，为开辟陂孝地区抗日根据地扫除障碍。

第六大队是一个红军团队，有着光荣的战斗传统，素以碰硬斗恶闻名遐迩，号称“铁六团”。

罗厚福带领六大队由礼山南部直插黄陂、孝感两县交界的李家桥。部队原地休息，他和官楚印又赶到山边湾，鄂东特委书记程坦正等在那里。程坦把罗厚福、官楚印带到一间房子里，房子里早有几个黄陂蔡店附近的人和五大队的几名干部。蔡店的同志详细介绍了李汉鹏伪八军的情况：李汉鹏的第二十一师驻孝感洋岗，第二十二师驻黄陂泡桐店，第二十五师驻孝感杜家湾，警卫师驻孝感周兴店附近，伪八军军部三千余人驻孝感杜家湾，军指挥机关设在湾南的李氏祠。李汉鹏自恃实力雄厚，每次出门，前面四挺机枪开路，中间是几十支短枪相护，左右是贴身保镖，最后是数十骑兵断后，行动起来，数里人马沸扬，烟尘滚滚，活活一个兵痞子。别看他威风凛凛，其实李汉鹏心虚胆小，平素不敢轻易出门。

情况介绍完后，第六大队中队长以上的干部开会研究了作战计划，决定当天晚上行动。下午 6 点整第六大队踏上征途，行进到张家新屋时，尖兵班捉到了两个逃兵。原来他们是李汉鹏的两个勤务兵，因为受不了李汉鹏的打骂而逃了出来，准备到外地谋生。部队进入敌警戒线后，兵分三路，压向伪八军指挥

部李氏祠。敌总部机关八大处首先被我军占领，伪军官们从梦中惊醒，有的光着身子跳墙逃跑，几个胆大的刚要顽抗，手枪队队长黄宏坤手起枪响，敌人应声倒下，其余的全都举手投降。正在军部赌博的伪军旅长、团长听到枪声，顿时全哑了声，拿着牌九木然地你望着我、我望着你，没等他们清醒过来，已被我部抓获。由于战斗是在敌总部所在地中心打响，吓得外围伪军拼命逃窜。敌人阵营大乱后伪军官兵各自逃命，李汉鹏拖着小老婆带着外甥李循成的机枪营逃向六架山，企图凭借六架山继续顽抗。

经我手枪队的侦察，得知敌机枪营由六架山转到马鞍山，后又去了姚家老屋，而且李循成已带一部分人逃走，换由敌连长梅启茂带领着机枪营。梅系黄陂蔡店人，他曾经声言：要把手里的武器交给真正抗日的军队，决不愿再把武器往汉奸队伍里送。根据这个重要情况，罗厚福、官楚印等研究决定，争取梅启茂起义，并派排长王双喜，战士刘贵、陈腊狗去敌营策反，晓以民族大义。梅启茂终于改恶从善，立即召集士兵，宣布起义。

蔡店之战，一举将伪第八军完全击溃，共俘伪旅、团长以下官兵三百余人，缴获迫击炮、重机枪、步枪等五百余件武器，而我军却无一伤亡。

# 血战朝阳镇

文/赵　肃

**血战朝阳镇**

零下三十摄氏度，枪被冻住，东北的冬天异常寒冷，气温有时会达到零下三四十摄氏度。部队既要行军还要作战，困难可想而知。我们二支队刚刚进入东北，棉装不足，武器较差。尤其在严寒条件下如何作战，从指战员到战士都没有经验。

1945 年 12 月 15 日，我和战友们参加了攻打朝阳镇、解放舒兰县城的战斗。那是一场令人难忘的、异常惨烈的战斗。

朝阳镇位于舒兰西南二十多里处，是舒兰的旧城，人口近千户，是吉林通往哈尔滨的交通要地。这里的防御工事很坚固，有一道土夯的围墙，围墙上有五座碉堡，下面设有火力点。镇里有守敌的九支治安队，兵力共有两千余人。由伪满县长亲自坐镇，警察署长指挥。

我军正告朝阳镇的敌人，共产党的军队要接管该镇，要求敌人放下武器。但敌人倚仗着兵力雄厚、装备精良，拒不投降，还扬言要与我军决一雌雄。

1945 年 12 月 15 日深夜 0 点，部队出发，全支队两千多名指战员全部投入战斗。刚刚下过大雪，我们踏着一尺多深的积雪，向攻击阵地进发。此时正是温度最低的时候，气温已达零下三十多摄氏度。

一大队担任主攻，我们二大队则主要负责佯攻。战斗打响了，当突击排向敌人阵地接近时，突然遭到埋伏在暗处敌人的射击。战士们立即卧倒，向敌人投出几颗手榴弹，炸死炸伤一大片敌人。突击排趁势冲上去，占领了几处房屋。敌人发现我军的进攻，立刻用机枪疯狂扫射。而在此时，我军阵地却奇怪地一片寂静，没有枪声，没有战士们的喊杀声。战士们惊讶地看着眼前的这一切：步枪的枪栓拉不开了，机枪卡壳打不响了！

敌人的机枪疯狂地扫射着。四班长受伤了，七名战士倒下去了；五班长胸部中弹，战士又倒下六名；六班上去了，全部中弹，只剩两名战士还能作战……地上的雪被战友们的鲜血染红了！就这样，我们的一个排丧失了作战能力。

指挥员又调来一个排担任主攻。重机枪上来了，掷弹筒也上来了。可是，重机枪刚打了几十发子弹，撞针就断了；掷弹筒的炮弹放进去后被冻住，打不出

去也倒不出来……

战友们不断地倒下，伤亡越来越大……

支队首长调整了部署，发动强攻。我们二大队全部参加主攻。我们中队长一声命令："上刺刀！"我和战友们上了刺刀，向敌人阵地发起攻击。"上刺刀"的命令就是要发起冲锋，与敌人白刃搏斗。当时的步枪是与刺刀分开的，刺刀平时装在刀鞘中，挂在战士腰上，部队在作战时没有命令是不能上刺刀的。

我们的炮弹终于在敌人阵地上爆炸了，机枪也响起来了。战士们边冲锋边投手榴弹，在我军的强大攻势下，我们终于突破敌人的围墙，冲进了镇子。我和战友们端着上了刺刀的步枪一直往里冲。一把把耀眼的刺刀，在月光的映衬下，发出阵阵寒光。土匪被这种阵势吓傻了，纷纷举枪投降。

其实，敌人这些"治安军"都是乌合之众，军事素质非常差，除了会打枪，其他的就不行了。敌人最怕的是拼刺刀，见到我们的战士端着刺刀冲上来，马上跪倒求饶。

敌人本来就是一盘散沙，又被我们的气势压倒，大部分缴械投降，但还有少部分在镇内的房屋中顽抗。我们冲进镇子后，逐个房屋与敌人展开巷战，敌人被分割成几块，被我们的战士压缩到一个一个院子里。

我们排在排长带领下，包围了一座院子。大门很厚，院墙很高，可能是个有钱人的宅院。敌人堵死了大门，从里面不停地向外射击。排长让我们班堵住大门，其他两个班从两侧往院墙里投掷手榴弹。十几颗手榴弹落到院子里，轰轰的爆炸声夹杂着敌人的哭嚎声从院子里传出。我把几颗手榴弹绑在一起，拉响导火索后投向大门。轰的一声巨响，大门被炸开。手榴弹的硝烟还未散去，全班战士端着刺刀冲进院里，敌人死伤一地，活着的只喊"饶命"。我们排肃清了残敌，押着俘虏走出大院。

天渐渐亮了，进攻朝阳镇的战斗也结束了。经首长统计，这次战斗共消灭敌人千余人，还有一些残匪逃走了。我们解放了朝阳镇，部队还缴获了大批军用物资。

为扩大战果，追歼残敌，支队首长命令部队马不停蹄奔袭舒兰县城。接到命令后，同志们立刻整理行装，补充了弹药，迅速集合。中队长向大家说："同志们，我们八路军的传统就是不怕疲劳，连续作战，不给敌人喘息的机会。"指导员挥舞着胳膊说："我们早一分钟向敌人发起进攻，就多一份胜利的把握。出发！"

我们战斗了一整夜，没有饭吃，没有水喝。但是，同志们士气高涨，一路小跑向舒兰县城前进。急行军的路上，有的战士在路旁的雪地里抓一把雪，塞进嘴里润润嗓子；有些用雪洗洗脸，提提精神，再往前跑……

舒兰县城是个新城，因为有个火车站，县城就搬到这里。哈尔滨至吉林和图们的两条铁路经过这里，地理位置非常重要。当时的县城很小，也没有围墙和碉堡。

二十里路，我们只用了一个多小时就赶到了舒兰。从朝阳镇逃窜出来的残匪及眷属，有骑马的，有步行的，有坐大车的，乱哄哄地往城里涌。这群残兵败将喘息未定，我们的部队就追踪到了城边。部队立刻发起了攻击，冲进城中。

敌人一片混乱，不堪一击，基本没做什么抵抗，一部分被歼，一部分溃逃。战斗很快结束了，上午9点多解放舒兰县城。

这场战斗是二支队挺进东北以来第一次较大规模的攻坚战。舒兰，也是我们解放的第一座县城。作战目标全部完成，打破了敌人的三县联防，意义重大。

但是，部队付出的代价是惨痛的，全支队每个中队都有伤亡。最痛心的是担任主攻的一大队一中队，牺牲三十四人，负伤数十人，还有几十名战士被冻伤。全中队二百人，最后仅剩四十多人。中队长和副指导员负伤，一名排长牺牲，班、排干部损失严重。在开追悼会时，从支队首长到战士，大家都泣不成声。支队政委是位1938年参军的老八路，他悲痛地说："朝阳一战，伤亡之大，是我参加革命以来第一次遇到的。"这么多战友倒在这块土地上，他们再也不会醒来。他们当中，很多才十七八岁，有的刚刚参军还不到一个月。悲痛笼罩着全支队，大家几天都吃不下饭。

这次伤亡惨重的一个原因，是部队缺乏在严寒环境作战的经验，对武器的保养不够。如战斗开始后很多战士的步枪被冻住，拉不开枪栓；主攻排的轻机枪也被冻住，根本打不响；重机枪的撞针，由于天气太冷，变得很脆，没打多久就断了；掷弹筒，炮弹放进去后被冻住，打不出去也倒不出来。这些情况，严重影响了发挥，致使我军伤亡增加。

后来，部队总结了教训，逐步掌握了严寒天气下如何保护武器。在后来的冬季作战中，很少再出现类似问题。然而，这都是我们的战友用流血牺牲换来的。

**再战新立屯**

解放舒兰后，我们部队进行了短暂的休整和补充。下一个进攻的目标是新立屯。

地处榆树东南、舒兰西北、五常西南部的新立屯，是三个县的中心，是一个较大的镇子。驻有敌人三个中队，约三百人。装备有五六挺轻、重机枪，盘踞在十几个碉堡和几个大院内。镇子中心有一个很大的"烧锅"（造酒厂），周围有高大的围墙和四个坚固的碉堡，里面聚集了上百名敌人。这里同样是吉林通往榆树、哈尔滨的咽喉，我军必须夺取它。

12月25日，上级派我们二大队向五常县城进发，并进行佯攻。敌人果然上当，急忙在五常之南的平安屯、山河屯一带布防阻击我军。其实，首长使了个声东击西的战术。夜幕降临后，部队立刻转向西进，来了个雪夜急行军，奔袭新立屯。

一百二十里奔袭，我们走了一整夜。天亮后，部队马不停蹄继续前进，于下午到达了新立屯外。我们五中队迅速占领北面山头，大部队隐蔽在山的北侧。

战斗打响了，主攻中队突然出击，打得敌人措手不及，镇子里顿时大乱。我们的战士猛打猛冲，一口气打到了镇子的十字街口。我也带着战士们冲下山，冲进镇子。就在我们冲锋的过程中，我班战友王本礼倒下了。他是刘公岛起义的，天津人。镇子旁边是一条干枯的小河，河上有桥，敌人的机枪封锁了桥面，我们全班便从桥下冲过去。敌人发现后立刻向我们射击。我和前面几名战士都冲过河滩，王本礼却迟疑了一下。就在这时，一颗子弹击中了他，他牺牲在河滩里。那一幕很久都回映在我脑海里，在以后对新战士训练中，我常讲起王本礼牺牲的情景。在战斗中不害怕是假的，但是打仗时“你害怕，敌人更害怕”，战斗中更要在士气上压倒敌人。东北野战军后来推广的三猛战术“猛打、猛冲、猛追”正是体现了这种战斗精神。

战士攻下日军碉堡

我们的几支中队纷纷冲进镇子，敌人很快被包围在几座碉堡和那个“烧锅”里。对付这种碉堡和大院，我们最拿手的就是掏墙打洞、层层爆破的办法。因为我军重武器很少，攻坚战主要采用密集火力掩护，依靠爆破手送炸药包来消灭敌人。

部队发起了几次攻击都没有成功，支队长亲自来到前沿阵地。经观察，这里的地形对我军非常不利。为避免伤亡，支队长命令停止攻击，部队只是监视敌人，等到天黑再战。

晚上十点进攻开始。打夜战是我军的法宝，夜色是最好的掩护。各班领了炸药包，数支突击队在我军密集火力掩护下，一个个炸药包安置在敌人碉堡下。轰轰的爆炸声，把一群敌人炸上了天。最后“烧锅”大院和那些碉堡被炸毁，敌人被炸得血肉横飞。战斗进展非常顺利，很快全歼了守敌。

我和全班冲进“烧锅”大院，看到四处都是敌人的尸体，还有一些受伤的土匪在喊叫。活着的几个土匪，早已经举着枪跪在那里发抖。押走俘虏和土匪、伤兵后，我们看到很多酒缸被打碎，满院子都是酒香味。战士们找来酒碗，每人舀起一大碗，咕咚、咕咚就喝下去了。大家一边喝一边说“这酒味道很好啊”“今天不错，打了胜仗，还有好酒啊”。今天的仗打得很痛快，酒也喝得很痛快。

这次战斗又有几名战友伤亡，一名副班长牺牲，刚从桓仁入伍的刘焕文也牺牲了。我中队副政委等十几人负伤。连续的作战，我和战友们对战场上的伤亡渐渐适应了。慢慢接受了战争的残酷。每天晚上中队点名，大家都在心里默默算着又少了谁……

战斗结束后，上级命令我们连夜向榆树县城挺进。几仗打下来，我们基本了解了支队首长的指挥艺术。就是长途奔袭，夜间行军，拂晓进攻。连续作战，一仗打完立刻奔袭下一个目标。这样看起来部队要吃很多苦，同志们非常疲劳。但是，对于敌人来说是出其不意的打击。减少部队伤亡，获胜的把握更大。很多次进攻，战士们用枪堵住敌人的被窝，胜利来得这么痛快，大家就把爬冰卧雪

的艰辛忘掉了。

榆树是哈尔滨的南大门，县城有围墙，共有四个城门。敌人有四百多人，主要分布在各城门一带。

新立屯到榆树只有四十里，我们整整走了一夜，拂晓时来到城外。各中队隐蔽接近围墙，然后突然发起攻击。这次我们大队机炮中队的小炮发挥了威力，向县城南门一阵猛轰，摧垮了南门和敌人的工事，当场炸死两个敌中队长。战士们纷纷越过围墙攻入城内，守敌被打得措手不及，来不及抵抗，仓皇后退逃往北门。其他守门的敌人，一枪未放四处溃逃。

各中队协同作战，穷追不舍，大获全胜。战至上午九点战斗结束。这个仗打得干脆利索，很多敌人在被窝里就当了俘虏。

我们发挥我军的传统，不怕疲劳连续作战，使敌人防不胜防。敌人做梦也没想到我们已经打到他们的门口，所以取得了很好的战绩。

打扫完战场，我们接到命令，把榆树县城交给吉林独立支队，部队继续向东前进。

# 拯救独臂红军战士刘嘉伟

供稿/《大江南北》

“救——命——噻，救命……”

这是1937年深冬（1月）一个冰天雪地、滴水成冰的寂静夜晚，空气中夹杂着血腥的味道，恐怖笼罩在高台县城和吴家场院每一个人的心头。听到这样的呻吟声，谁敢出声，人们蜷缩在炕上，用被子捂住头，心在打鼓、在蹦跳。谁都知道这个喊“救命”的人肯定是红军的伤员。白天马家军来过了，撂下两句话：“啊格（谁）看到赤匪不报的话，就枪毙啊格。”“抓住一个赤匪，奖励一块大洋。”

离城三里，有一个银家屯庄。银家屯庄在当地算是一个比较大的庄子，这一姓人家在道光年间从酒泉迁至高台县，一门子三十多口子人，一半为官一半为商，过着自收自支的生活。因为为官正直，为人厚道，行医有德，经商童叟无欺，所以在当地也算作名门望族，深受当地人的喜爱。

深更半夜传来这样的惨叫声，搅得附近每一个人都心惊肉跳睡不着。作为银氏家族的老大，又是医生的银得贵老先生，感觉到这声音就在自己的屯庄附近，实在不忍心就悄悄地爬起来，穿好衣服，溜出上房屋，顺着声音找了过去。来到庄子的北墙根借着月色一看，是一个穿着破烂的叫花子模样的人，一只手抱着右肩膀，左面的肩靠着墙根，已经快不行了。走到近前一看，是一个没有了右臂的红军战士。这一看不要紧，吓得老先生倒退了五六步，马家军搜查得这么紧，他是怎么躲过搜查的？他又是怎么跑到这里来的呢？怎么办，是救还是不救？不救，他很快就会被冻死；救，很有可能会给自己一家带来杀身之祸。这么大的事情，需要和家里人商量一下，于是老先生又悄悄地退回了家里。

黑灯瞎火里，银得贵老先生轻手轻脚地叫出了睡在厢房里的弟弟银得钱、银得寿两人，把自己刚

才看到的情形说了一遍，然后试探着问："怎么办？是救还是不救？"银得寿是县衙里的稿宗，银得钱是粮食局的局长，他们一直在官场上混饭，深知此举的重要性。经过一番利弊分析，最后三人决定"救"。"就三人知道，不告诉任何人。""马家军万一知道了，就说是他找来看病的，我们是医生不能见死不救，就收下了。我们不知道他是红军，别的什么也不说了。""我们信佛的不就是信奉救人一命、胜造七级浮屠吗！"

于是三人悄悄摸到北墙根下，将那个受伤的人抬到了上房屋里的菜窖里。安顿好后，换衣服的换衣服，烧水的烧水，煎药的煎药，擦洗的擦洗，包扎的包扎……一个时辰以后，一切就绪，他们三人才惴惴不安地睡去了。

马家军虽然天天来搜查询问，但这件事似乎神不知鬼不觉。七天过去了，竟然没有一点儿走漏消息的迹象，银得贵甚是欣慰。就是有一点儿，这个伤员说话速度太快，一句也听不懂。不过几天下来，他慢慢地知道了这个被救人的一些情况：这个小伙子名叫刘嘉伟，十五岁，四川广元人；19 日晚，在拼杀时，被马家军的骑兵砍掉了右臂；20 日早晨战斗结束时，他还在深度昏迷，不省人事，所以被当作死人背出城来，撂在了乱葬岗；冻醒以后，他没敢动弹，坚持到深夜；马家军站岗的打盹时，他才连跌带爬地到了这里，由于太饿，没喊上几声就昏过去了。

经过银氏三兄弟的精心照料，十五岁的刘嘉伟伤势好多了，能自己吃喝走动了。到了第九天，银得贵决定送走这位红军战士，要不他怕夜长梦多。

30 日半夜，银得贵准备好馍馍和盘缠，套上大轱辘牛车，拉上刘嘉伟一直把他送到了南沙窝。等到安全了，才看着他一瘸一拐地走了。为了掩人耳目，他拉了一车沙回家来。

# 我是真正的新四军

文 / 付家庆

1946年6月，我十二岁。一天中午，驻我家乡的中原军区部队战士以水当酒，一对对地，猜拳喝酒，拳词是根据地流行的歌词："统一战线、两党合作、三三制、新四军、第五师、卢沟桥、七七事变、八路军、九一八、双十节。"突然，爸爸喊我："爸爸工作调动，要去远方，日夜行军。你人小，就地安排，一切听指挥，行动军事化，你现在就走！"我饭未吃完，就跟柳知时步行到湖北荆门许场乡刘家大湾村东头李志芹家中躲藏。

后来我才知道，这是中原大突围前的化装隐蔽工作。

国民党军队在江汉平原，隔三岔五派兵到各村庄挨家挨户拉网式"清乡"闹得鸡犬不宁。刘家大湾村，二十多幢屋一长条，村中办有私塾。一天，我正往村校走时，坐在大门口补衣服的农妇喊我："红小鬼！"我心一惊，有些紧张。突然，从巷子口跑出来几个人，恶狠狠地问我："哪里人？"刚喊我"红小鬼"的农妇开口嚷道"是我的儿子"，并迅速过来把我拉入怀抱。我喊一声"妈妈"，那几个人信以为真，就走进隔壁屋里翻箱倒柜去了。农妇宽慰我不要害怕，要我唱歌给她听。她也轻声唱："老百姓，新四军，老百姓拥护新四军，新四军爱护老百姓，依呀呀之哟；新四军，老百姓，我们本是一家亲，团结起来打日本，依呀呀之哟……"在当地流行十几首红歌，男女老少都会唱，走路、下田、做家务，歌不离口。特别是新四军走了，国民党军队来了，非常时期还唱红歌。我想到根据地的老百姓真好，都是我的父老兄弟，我就不怕了。

大暑那天，天阴沉沉的，乌云满天，家家户户都在赶扫门前土禾场。忽然，听到枪声由远及近。我急忙手提竹篮下田扯猪菜，想回避一下，可刚跨上田埂，一颗子弹从我头上飞过。我一回头，只见站在我身边的结巴哥说："蒋……蒋该死（介石）刮民党（泛指国民党）追……同志哥（老百姓称新四军都尊称同志哥）。"

被追的人跑得飞快，二十多岁，身穿便衣，左耳上部头皮被子弹擦破了皮，还流着血。进村后，结巴哥急迎上去出主意："快……进那破屋……柴堆……躲藏！"

国民党士兵追到我们面前停住，东张西望，凶神恶煞地问："那个新四军进哪家门了？"聚拢来的群众，半天没人应声。胡老汉手指田野说："往南跑了。"

带队的骂道："这江汉平原望到天边，无山无林，哪见人影？我就找你们要人！你们和新四军是烧砖卖瓦的——都是一把的，穿一条裤子的，一个鼻子出气的。不交人，统统的，死啦死啦的！"这声调和语气显然是"二鬼子"，百姓一听特别反感。

胡老汉又讲话了："日本鬼子的话我们听不懂，你是中国人吗？那就说中国话嘛。"

那人气急败坏，嘴角颤抖抽筋，声音高八度吼道："不交人，全部枪毙！刀杀！懂吧！"

我们不约而同，怒目以视，岿然不动，准备牺牲自己，也决不会出卖同志哥。

他暴跳如雷地吼："举枪上膛，我喊一、二、三，就开枪！"敌人那年头奉行对共产党人"宁错杀三千，不放走一个"，草菅人命，不是吓人的。我们二十来人挤在一起，局面十分紧张，一位六岁的小女孩紧抱着爸爸的腿，老少都视死如归。

"一！"只过三秒钟又喊出"二"，千钧一发之时，结巴哥奋勇拍胸自称"我是新四军"，声似洪钟。相距一百米远，躲在破屋柴堆里的同志哥听到，不忍心牵连百姓，马上跑出来举着右手急呼："我是真正的新四军！老子是新四军！把枪对着我，不要乱杀老百姓！"

六支三八式步枪调转枪口，对着血流半边脸的同志哥。敌士兵迟疑问："哪里人氏？部队番号？"

"我是当阳人，新四军第五师，师长李先念，第三十三团，团长许猛，我是脱产侦察兵。"

敌兵皮笑肉不笑地说："对上号了。捆起来，给我押走。"

"不用捆，我再不跑了，怕又连累无辜百姓。唉，我悔恨无幸死在抗日战场上，死在中国人杀中国人，太冤枉了！"

我们站在风头上目送同志哥走远，渐渐看不到身影了，仍依依不舍，久久不肯回家。突然听到三声枪响，胡老汉惊道："坏事！这枪声既不是对空打的呼啸，也不是入地的鞭炮声，这是打进人体的闷音。"结巴哥脱口而出："同志哥牺牲了！"我身边的女娃哇哇大哭起来，牵着她手的爸爸哽咽地说："不哭，不哭，同志哥是不会死的。"我明白，这话是安慰小孩的话，我用袖口不停擦眼泪，人人都难过，心情沉重。

次日，听一过路人讲："后村放牛娃看到同志哥夺敌人的枪支已到手，来不及开枪，就挨三枪倒地。国民党士兵用刺刀割下他的右耳朵，穿在刺刀尖上，回营报功去了。"

这是我目睹的军爱民，民拥军，军民一家亲的事件。它伴随我几十年，我想念同志哥，想念结巴哥，想念胡大爷，想念老区人民，愿他们永远平安幸福！

# 难忘的堡垒户

文/吴　西

“堡垒户”，是抗日战争中在极其艰苦的条件下产生的。

1942年5月，日军在华北方面军司令官冈村宁次的指挥下，出动五万余名日伪军，在飞机、坦克、装甲车的掩护下，对我冀中抗日根据地进行了空前残酷、灭绝人性的大“扫荡”，妄图一举摧毁我冀中抗日根据地。为了保存实力，待机夺取胜利，我们的主力部队奉命转移到冀西山区。各军分区、县、区的部队和游击队，分别组成精干的指挥机构，分散到群众中。我基层党组织也都转入了隐蔽活动。我当时任第七军分区政治委员。七分区是敌人“扫荡”的重点地区之一，所有村镇一时都被敌人控制，岗楼林立，公路如网，敌人天天到各村抢掠、抓人、杀人，抗日斗争处于极为困难的境地。但是，我们的抗日军民并没有被吓倒。他们掩埋了亲人和战友的尸体，怀着对敌人的血海深仇，继续开展顽强的抗日斗争。

在敌人占领和严密搜查的情况下怎样坚持斗争呢？首要的问题是要有一个可靠的隐蔽和藏身之地，留在根据地坚持斗争的各级干部和县大队、游击队，都在党的群众基础较好的村庄，选择一两户可靠的群众，作为自己隐蔽藏身之地。这就是堡垒户。堡垒户一般由各村党支部负责选择，大都设在党员、村干部或可靠的群众家中。各堡垒户都挖有地道，敌人不进村“扫荡”时，我们的同志就利用堡垒户开会或开展各项抗日活动。大股敌人“扫荡”进村时，我们的同志就化装分散在堡垒户中隐蔽起来；如遇小股敌人进村，便利用堡垒户家中的地道，主动出击歼灭敌人。所以堡垒户成了我们党政军机关和部队的隐蔽部、指挥所和进行抗日活动的战斗堡垒。各堡垒户都把我们的同志当成自己的亲人，不仅供我们吃住，掩护我们开展抗日斗争，而且在遇有危险情况时，他们不怕杀头，不怕倾家荡产，拼着全家性命，与敌人进行机智勇敢的斗争，保护我们的干部、战士和伤员。当时敌人为了孤立我抗日军政人员，对于掩护八路军和地方干部的群众采取了极端残暴的镇压手段。安平县张舍村乔聚永，掩护我县大队大队长王东沧、政委张根生住在他家。1942年下旬的一天，叛徒带领敌人包围了他家，地道被破坏，在地道里隐藏的同志从另一个出口打死一个敌人，冲了出去。恼羞成怒的敌人当即把他家的房子烧掉，并把他七十多岁的父亲打死。但乔聚永丝毫没有埋怨情绪，反而对抗日人员更加亲切，抗日更加坚决。

无极县西候村梁金蕊大娘是1939年

入党的老党员。1942 年 5 月日军大“扫荡”后，她家成了我们的堡垒户，县委经常在她家召开各区干部会议，1942 年 7 月间，县委书记张达风等去她家与县大队干部李金、李英等接头，被东侯村敌人据点的密探发现。第二天晚上，几十个敌人把梁大娘家包围，梁大娘和老伴马上让张达风等人迅速钻洞隐蔽起来。敌人进院后毒打梁金蕊，逼问八路军藏在哪里。梁金蕊被敌人打得死去活来，但始终回答：“不知道！”8 月的一天夜里，县区干部正在她家开会，敌人又闯了进来。她赶紧帮助我们的干部隐蔽。敌人扑了空，就把梁家所有家具统统砸坏，并毒打梁金蕊，逼她交出藏着的八路军。梁大娘被打得昏了过去，女儿拉她，又被敌人一脚踢倒在地。可梁大娘始终没有说出我县区干部隐蔽的地方。

安平县南郝村青年妇女邢小梅，为了掩护隐蔽在她家中的八路军干部，遭受敌人严刑拷打，但她始终坚守秘密。穷凶极恶的敌人把黑油泼在她身上，从头部点火烧她，边烧边问，但她至死也没暴露我军情况。

在残酷的斗争环境中，最困难的是如何安置伤病员。就地治疗，没有医院；往后方医院送，敌人围困出不去，所以只能由堡垒户把伤病员掩护起来，协助医护人员进行治疗。1942 年 5 月日军大“扫荡”后，我们七分区共有六百多名伤病员，分散隐蔽在七个县的广大农村堡垒户中。伤病员被安置到堡垒户家中后，都要“认亲”，确定称呼和应付敌人的办法。大娘、大伯和大嫂们整天烧水做饭，喂饭换药，端屎端尿，像对待自己的亲人那样照料伤病员。

我们分区司令员于权伸、地委书记张达和、团政委孙洪志、团政治处主任赵绍昌等和不少营、连干部负伤后，都是在堡垒户救治后重返战斗岗位的。在敌人疯狂烧杀抢掠的情况下，许多堡垒户为了掩护我们的伤病员，临危不惧，与敌展开了各种斗争。

1943 年秋，定县县大队政委赵铁夫带着四名同志和十二名伤员住在小师家庄尤老锋的家里。一天，吃过早饭，区干部马新来找赵铁夫汇报。马新刚进入尤家，便有几个伪军追来。尤老锋的儿媳春喜见到这情况，忙把二门闩上，赵铁夫和马新等人趁机钻进地道。敌人用枪托猛砸二门，春喜估计我们的人藏好了，才不慌不忙地开了门。敌人进门后用枪对准她的胸膛大声问：“人藏到哪里去了？”春喜答：“没看见。”伪军满屋子去搜，一位伤员因行动不便没来得及钻地道，被伪军发现了。伪军问：“这是什么人？”春喜坦然答道：“是俺孩子他爹。”伪军又问：“腿上的伤是怎么回事？”春喜回答：“他是多年的连疮腿。”伪军大吼：“这是炸伤的，你不说实话，枪毙了你。”说着，他就照春喜的头开了一枪，幸没打中，春喜面不改色，理了理头发，坐在伤员身旁。这时，她婆婆抱着孩子走过来，春喜接过孩子递给那伤员说：“给你孩子。”敌人正在将信将疑时，村长进来了，忙对伪军说“老总，辛苦了，快到村公所喝水去吧”，一面说一面把一把票子塞到伪军手里，连说带哄地把伪军领走了。赵铁夫和马新脱了险，伤员也得救了。

在这方面表现最突出的是安平县报子营村堡垒户李杏阁大娘。当时冀中流传着这样一首赞美李杏阁的歌谣：

冀中区好地方，报子营有个李大娘。

李大娘好心肠，爱护子弟兵美名扬。
她待伤员似亲儿，伤员称她像亲娘。
做饭熬粥不嫌累，接屎端尿不怕脏。

的确，李大娘把全部的爱都倾注到了八路军伤病员身上。1942 年冬，一天深夜，村长把一位满身是血的伤员抬进她家。村长说：“这伤员是第五区小队的刘建国，在西侯村遭遇战中负了伤，一定要想办法救治。”“放心，交给我吧，有我就有他。”李大娘说着忙生起一盆炭火放在伤员身边，然后又端起油灯凑到伤员身旁，小心地脱掉伤员身上的血衣，把盖在儿子身上的棉被拿来给伤员盖上，接着用棉花沾着开水把伤员身上五处伤口洗干净。这一夜她一直守候在刘建国身边，一会儿听呼吸声，一会儿摸摸胸口。天亮了，她见刘建国微微睁开了眼，忙高兴地说：“你可醒来了，孩子，想吃饭吗？”刘建国张张嘴，说不出话来，她赶紧端过一碗粥来，一口一口地喂。刘建国大小便不能自理，她就把自己的铁簸箕砸成一个圆盘，边上用棉花和布包好，每次刘建国大便时她就用这圆盘去接。就这样，李大娘不知熬过多少个不眠之夜，终于使刘建国的伤慢慢好起来了。

反“扫荡”斗争在继续，伤员也越来越多，村党支部组织群众帮助李大娘挖了两个地洞，供我们的干部、战士养伤和隐蔽。几天以后，第三十二区队的魏正甫、李德山、李德相等伤员相继住进她家的地洞，七分区后方卫生所军医张树楷、于春晖、卫生员刘秦花、杨秀娟等也赶到这里，并带来了部分医疗器械和药品。这样，李大娘家便成了八路军的一所地下医院。伤员增加，原来的地洞不够用了，李大娘便和大家一起，又在屋里、猪圈里、菜窖里挖了几个地洞。伤员多，医护人员少，李大娘除了烧水做饭，还经常为伤员洗衣服，端屎端尿，终日忙个不停。为了减轻伤员长期卧床的痛苦，她把多年积攒下来的棉絮拿来垫到伤员身子下边。为了增加伤员的营养，她用自己节省下来的一点粮食换了鸡蛋，给伤员做汤喝。后来她又把自己仅有的两只老母鸡杀掉给伤员吃。

当时，输送到这里的伤员多是四肢受伤，活动不便，住在洞内不见阳光，伤口一天要换两三次药才能防止感染。为了照顾好伤员，李大娘还学会了一些简单的护理技术。她常说：“伤员出生入死，流血负伤，是为了咱百姓过安生日子！我们要想尽一切办法来照顾他们，分担他们的痛苦。”伤员们有的住上几个星期，有的几个月，甚至一年多，李大娘总是日夜操劳，不嫌脏，不怕累。伤员们看在眼里，痛在心上，拉着大娘的手说：“您真比俺的亲娘还要亲呀！”李大娘却说：“孩子，我累点不算啥，只要你们得救了，有了你们，咱老百姓才有指望，所以豁出命也要保护你们。”特别是一听说有敌情，李大娘更是忙个不停。

冀中抗日根据地

她帮助医护人员收拾药品和医疗器械，疏散伤员，遮盖洞口。有一次掩护工作刚完毕，两个日军就闯进院子一面乱叫，一面进屋乱翻。日军闻到有药味，便把李大娘叫到门口问：“八路的有？”

李大娘摇摇头：“没有。”日军发怒了，用枪托痛打李大娘，李大娘坚持说“没有”，日军就下了毒手，用刺刀要刺李大娘的胸口，李大娘身子一歪，刺刀刺到了肩上，她忍着剧痛仍一声不吭。正在这时，日军听见了集合信号，李大娘才得以幸免于难。

在抗日战争中，李杏阁大娘照顾的伤员，轻者三四十天，重者四百多天：据统计，她先后掩护和护理伤员七十三名。1944年11月，冀中军区在安平县报子营村召开大会，冀中军区党委书记、军区政委林铁和副政委李志民代表军区授予李杏阁以“冀中子弟兵的母亲”的光荣称号。

堡垒户不仅担负着掩护我党政军干部和伤病员的繁重任务，并负责为党政军机关传送信件、文件和情报。在敌人占领区，他们经常化装成走亲戚的妇女或小商贩，巧妙地通过敌人的封锁沟和据点，出没于城镇和乡村，传送情报和信件。在敌人围攻、封锁最严密的时候，我们部队后方的被服厂、修械所、仓库等，也都分散在堡垒户中，在堡垒户的掩护下，坚持生产和工作。

在艰苦的抗日战争中，堡垒户不仅遍布我们七分区城镇村庄，其他军分区也很多。在整个冀中平原抗日根据地，到处都有堡垒户。成千上万的堡垒户，像一座钢筋水泥筑起的红色堡垒，保护了我党我军大批干部、战士和伤员，为坚持敌后抗日根据地的斗争，作出了重要贡献。他们是千百万真心拥护革命的群众优秀代表，是我党我军和人民群众鱼水关系的生动体现。他们的英雄事迹永远值得我们以及子孙后代敬仰和怀念。